柏拉图读本

刘小枫 主编

Πρωταγόρας

普罗塔戈拉

[古希腊] 柏拉图 著
[美] 施特劳斯 疏
刘小枫 译

华夏出版社
HUAXIA PUBLISHING HOUSE

"柏拉图读本"出版说明

为了顾及不同层次的读者,中古伊斯兰哲人阿威罗伊(1126—1198,宋靖康元年至宋庆元四年)为柏拉图作品做注疏时,采用短篇、中篇和长篇三种样式。阿威罗伊很可能考虑到,即便喜欢柏拉图作品的读者,心性也多种多样,精神爱好各有不同。

即便在今天,一般读者仍然喜欢注释不多的柏拉图译本,否则会觉得有碍阅读时的畅快。少数读者喜欢带长篇笺注的译本,考订语词和辨析文句越琐细越觉得过瘾。柏拉图的《克莱托普丰》原文不足万字,有位英国学者作笺注成书竟然有近500页。

自有柏拉图书,借用我国古人的说法,可谓"天地已洩其秘,而浑穆醇庞之气,人日由其中而不知是道寄于人,而学寄于天"。直到今天,柏拉图书基本上仍囿于学院深宫,向学者不敢也难以问津。其实,前人幼入家塾即接触圣贤心脉,若今高中生也能读到柏拉图书,无论见浅见深识小识大,也莫不有灵魂之辨行乎其间。

有鉴于此,本系列以柏拉图中篇和短篇作品为主,长制作品(《王制》和《法义》)则选取其中相对独立的篇章,为天下读者提供便携便览的柏拉图读本。译者注释以疏通对话脉络为要,即便对人名、地名、典故及特别语词下注,也娓娓道来,力戒繁琐枯燥。译注尤其着力解析对话进程中的机关暗道,提示修辞上的弦外之音,与读者一同深入文本肌理,体味柏拉图笔法之精妙,而中所自得,识见之偏全,则不必强之使同。

柏拉图作品的场景和内在情节至为重要,为有助读者深入理解,我们对作品划分章节,施加小节标题。每章之前,译者均给出简扼题解,以述场景或情节大要,必要时章末也衍生附释,以示情节突转或袅袅余音。凡此一律用仿宋体与正文区隔,以显经纬之别。

本系列中的译品均以 Burnet 编辑的柏拉图全集

为底本,并参考现代西文译本移译。柏拉图作品虽无不是在讨论极为严肃的人世问题,言辞却贴近日常,翻译时棘手之处比比皆是。要为诸多省略句式和语气小品词找到恰切的中文表达固已困难,而遇到某个语词或说法(短语)有多种义项或一语双关时,要准确选择义项或保持一种译法更不容易。译文为补足语气或文意(针对口语中的省略)添加的语词,一律施加方括号[];遇多义项语词或短语需要提示选择性译法时亦然。

柏拉图作品最为基本的教育作用是让我们的头脑变得明智清晰,对自己的灵魂样式多些了解,进而对人世政治亘古不变的复杂性也尽可能多些认识。至于是否像苏格拉底那样有向往高贵、追求纯然不杂的美的爱欲,则由各人的命相精灵掌管。

以往的柏拉图研究以及教科书上的柏拉图介绍,往往把读者引向各种形而上学教条。若从对话情节入手,关注文学形式下的思想脉络,我们不难看到,柏拉图笔下的苏格拉底最看重教人如何分辨好坏对错、高尚与卑劣、正义与不义、明智与偏执。面对纷乱的社会歧见,期盼柏拉图作品滋育我们养成慎思明辨的习性,不为众言淆惑,不受偏见拘滞,是为"柏拉图读本"的设计初衷。

刘小枫

2019 年 12 月

古典文明研究工作坊

目 录

编译说明 / 1

普罗塔戈拉 / 1

场景一 苏格拉底的爱欲 / 3
场景二 希珀克拉底"脸红了" / 10
场景三 苏格拉底下到冥府 / 29
一 普罗塔戈拉如何论民主德性 / 43
二 关于政治德性的辩难 / 92
三 关于正义的争纷 / 126
四 做高贵者难 / 143
五 辨识勇敢德性 / 183
尾声 苏格拉底最后的建言 / 248

编译说明

《普罗塔戈拉》在柏拉图的所有作品中堪称最富戏剧性,虽然它记叙的事件本身很简单。

一个名叫希珀克拉底的雅典年轻人听说闻名遐迩的智术师普罗塔戈拉到了雅典,激动不已,一大早敲开苏格拉底的门,要苏格拉底同他一起去见下榻雅典富人卡利阿斯家的普罗塔戈拉,引荐他做普罗塔戈拉的学生。苏格拉底责备希珀克拉底鲁莽,还不认识普罗塔戈拉是怎样的人就冒失地决定把自己的灵魂托付给这人。

尽管苏格拉底让希珀克拉底意识到做智术师的学生是丢人的事情,最终还是带他去见了普罗塔戈拉。可是,接下来我们看到的是一场苏格拉底与普罗塔戈拉的交谈,而非普罗塔戈拉与希珀克拉底的交谈。原来,苏格拉底带希珀克拉底去见普罗塔戈拉,为的是通过自己与普罗塔戈拉交谈让希珀克拉底亲眼看到,做普罗塔戈拉这种哲学家的学生的确十分危险。

柏拉图让我们看到,苏格拉底挺身挡在了智术师与年轻的爱欲之间,凭靠高超的修辞技巧刻意引导与普罗塔戈拉的对话,让年轻的爱欲免于智术师的诱导。苏格拉底与普罗塔戈拉的对话乃至争辩,自始至终是表演性的。苏格拉底在与普罗塔戈拉的对抗性论辩中多次显得说话不地道或者说"不正义"(如强迫普罗塔戈拉做不愿意做的事情),乃至最后把普罗塔戈拉逼得当众丢面子。然而,苏格拉底对普罗塔戈拉的"行不义",是为了实现更大的"正义":救护涉世未深的年轻爱欲。

施特劳斯开设过《普罗塔戈拉》讲疏课。在笔者看来,这一课程的思想史意义不亚于他的《会饮》讲疏,从古典政治哲学角度讲甚至更为重要。因此,笔者依据尚未整理出版的录音记录稿摘要编译了施特劳斯的讲疏,随文附注,贯通全篇。

本书注释分三类:施特劳斯的讲疏(标明[施疏]),笔者的译注(标明[译按]),凡未标明者均为采自其他西文译本的注释。

译稿依据 Burnet 编辑的希腊文本迻译,并参考 Ildefonse 法译本,Manuwald 德译本和 J. A. Arieti/R. M. Barrus 英译本。注释主要采自这三个现代西文译本,亦适当采编其他西文译本的注释,如 J. Adam 和 A. M. Adam 笺注本,Taylor 译注本,Denyer 笺注本,施莱尔马赫德译本,Krautz 德译本,Trédé/Demont 法译本,R. C. Bartlett 译注本。

其他主要参考文献有:Rudolph H. Weingartner, *The Unity of the platonic Dialogue: The Cratylus, the Protagoras, the Parmenides*, Indianapolis 1973; Larry Goldberg, *A Commentary on Plato's Protagoras*, Peter Lang, New York 1983; Patrick Coby, *Socrates and the Sophistic Enlightenment: A Commentary on Plato's Protagoras*, Bucknell Uni. Press, 1987。

刘小枫

2006 年初稿

2013 年二稿

普罗塔戈拉

要是你并不知道在把灵魂交付给谁,你就不知道正在把灵魂交付给要么好要么坏的事情。

——苏格拉底

场景一　苏格拉底的爱欲

[题解]《普罗塔戈拉》是一部带谐剧色彩的作品，戏一开场我们就看到，苏格拉底显得有些神色不对地上场，地点似乎是在雅典的某个公共场合——很可能是集市。

苏格拉底的一位友人叫住他，从语气来看，他对苏格拉底的私生活相当熟悉，而且好像关系亲密，否则他不会如此大大咧咧、直截了当。他的话暗示，苏格拉底与阿尔喀比亚德有暧昧的同性恋关系。

阿尔喀比亚德(公元前450年—前404年)是雅典民主鼎盛期的重要政治人物，在率军出征斯巴达时，被雅典人以渎神罪起诉。阿尔喀比亚德闻讯后叛逃到斯巴达，成为"雅奸"。

阿尔喀比亚德从小到大都很酷,即使说话嗫嚅不清,其神态也让人折服,充满美感。由于帅得不行,追他的女人不少。阿尔喀比亚德年轻时与苏格拉底交往密切,被视为苏格拉底的学生——柏拉图以他的名字命名的作品有两篇。

苏格拉底被控的罪状之一是败坏青年,教唆青年干出危害城邦的事,具体指的就是阿尔喀比亚德和克里提阿斯。本篇对话记叙普罗塔戈拉第二次到雅典时的情形,其时阿尔喀比亚德大约 17 岁(比苏格拉底约小 20 岁)。

友伴 [309a]你这看起来像是打哪儿来啊,苏格拉底?岂不明摆着刚追过阿尔喀比亚德的青春么?其实,前不久我看到过他,看上去的确像是个美的男子诶,不过,是男子咯,苏格拉底,我们自己说哈,胡子[a5]已经发芽儿啦。

苏格拉底 那又怎样?你不恰是荷马的追捧者么,[309b]荷马说,最魅人的青春劲儿恰是胡子初生,阿尔喀比亚德正是时候啊？1

友　那么这事儿现在怎样啦？你看上去刚从他那儿来？这嫩小子对你怎样？

1　［施疏］在荷马笔下，"胡子初生"用于贼神赫耳墨斯，共两处：《伊利亚特》24.348 和《奥德赛》10.279。苏格拉底的这一说法无异于把阿尔喀比亚德比作贼神赫耳墨斯，似乎他有赫耳墨斯式的鬼魅。为什么这样比拟？一种可能是，雅典有赫耳墨斯的雕像，但已经破损，面目不清，苏格拉底把阿尔喀比亚德的酷脸比作赫耳墨斯的脸。赫耳墨斯雕像残损的事件发生在公元前 415 年，比柏拉图记叙的这个历史事件的时间晚得多。但柏拉图的写作是文学性的，我们可以理解的是柏拉图的文学性含义。值得注意这话在《奥德赛》中出现的语境：当时，奥德修斯正要进入通晓药草魔力的美发女神基尔克的宅邸，赫耳墨斯"幻化成年轻人模样"出现在奥德修斯面前，他"风华正茂，两颊刚刚长出胡须"（10.278 – 279）。赫耳墨斯教奥德修斯怎样对付美发女神基尔克，给他对付女神的药草，"还指教药草的性质"（φύσιν αὐτοῦ ἔδειχε，10.303）。这里出现了"自然"或"天性"这个语词，在荷马作品中，这个极为重要的古希腊文化的关键词仅出现过这唯一一次。这里的语境表明赫耳墨斯与奥德修斯是师生关系。

苏　[b5]他让我觉得不错哦,尤其今天这次。毕竟,他替我说了不少话声援我;我确实刚从他那儿来。不过,我想要对你说件稀奇事,尽管他在场,我竟然没在意,常常把他给忘了。

友　[309c]难道会发生什么吗,你和他竟有这种事情?毕竟,你恐怕遇不到一个更美的人呦,起码在这[雅典]城邦[遇不到]。

苏　哪里话,[美]多啦。

友　[c5]你说什么?本城人还是外邦人?

苏　外邦人。

友　哪儿来的?

苏　阿伯德拉。1

友　你竟然觉得这某个外邦人如此之美,甚至对你显得美过[c10]克莱尼阿斯的儿子?

苏　怎么,幸运儿啊,最智慧的东西难道不显得更美?

1　阿伯德拉(Abdera)城邦在忒腊克(今巴尔干半岛东半部,旧译"色雷斯"[Thrace]是按英文发音的音译),自然哲人德谟克利特和智术师普罗塔戈拉的故乡,其居民以"愚蠢"出名(西塞罗将"阿伯德拉"用作"愚蠢"的同义词)。

友　莫非你刚幸遇某个智慧的，[这会儿]就与我们在一起，苏格拉底？

苏　[309d]在今天还健在的[智慧人]中恐怕是最智慧的咯，要是你觉得[他]最智慧的话……普罗塔戈拉啊！[1]

友　哇，你说什么！普罗塔戈拉到[雅典]啦？

苏　已经第三天喽。

友　[d5]难道你来之前和他在一起！

苏　[310a]当然，[同他]说了很多，也听了很多。

友　要是不耽误你什么事儿的话，何不对我们详细说说[你们]在一起[的事]。坐这儿，这个小厮起来！

1　普罗塔戈拉（约公元前490/486—前420年）：古希腊最著名的智术师，出身富豪之家，与德谟克利特是同乡，大约活了70岁，其中四十年以教学为业。他早年受教育的情况不详，据说可能受过波斯人思想影响。普罗塔戈拉能言善辩、学富五车，用今天的话来说，他的头衔有：自然学家、教育家、演说家、希腊语言学始祖，还精通饮食学（在古代属于医术的一部分）。他曾游历各城邦教学，名满天下，可惜著述散佚殆尽。参亚里士多德《修辞术》1407b6，第欧根尼《名哲言行录》9.53及下。

苏　[a5]那么当然；如果你们要听，我倒挺感激。[1]

友　要是你会讲讲，我们也感激你。

苏　那么感激兴许就翻倍喽。你们且听着。[2]

［附释］起初友伴断定苏格拉底刚从阿尔喀比亚德那儿来，苏格拉底没有否认。后来友伴得知，其实苏格拉底是刚从普罗塔戈拉那儿来。于是，阿尔喀比亚德那儿来与普罗塔戈拉那儿来合二为一。这样的开头无异于暗示：苏格拉底与阿尔喀比亚德的暧昧关系问题，变成了普罗塔戈拉与阿尔喀比亚德的暧昧关系问题。这个关系问题的实质是教育问题，换言之，这部作品的主题之一是何

1　［施疏］苏格拉底在这里的忆述出于自愿，而且显得热切地愿意忆述。《会饮》和《斐多》中的讲述者就并非完全自愿。　柏拉图的作品记叙的不外乎是苏格拉底与某人或某些人的谈话，但谈话出于主动还是被动，大有分别。

2　［施疏］苏格拉底向某人讲述了这个对话，虽然没有提到名字，显然是个同志。　在《王制》中，苏格拉底同样是对人讲述，但我们不知道他在对谁讲述。

谓"教师"。

场景在此定格:一群人非常好奇、非常热切地想要听苏格拉底讲一段自己的经历,苏格拉底也蛮有兴致讲。由此,《普罗塔戈拉》是苏格拉底亲口对一群朋友讲述的一段自身经历,而且是非常乐意讲的经历。

场景二　希珀克拉底"脸红了"

［题解］接下来苏格拉底开始讲述，文体明显发生了变化：苏格拉底以第一人称叙述今天一大早到刚才发生的事情，作品的叙事时间紧密地压缩在一天之内。

与前面的文体对比，前面像在演戏，现在则是在讲故事。我们应该注意到，苏格拉底是在公开场合讲述自己的一段经历。鉴于苏格拉底是惹上政治麻烦的人物，我们就应该注意，苏格拉底在公开场合如何讲述自己的经历，甚至应该问，他为什么要讲述自己的这段经历。

还需要注意到，眼下这段对话的地点是苏格拉底的家里：戏剧场景从前面的集市转到了私人空间。

这还是[昨天]夜里的事儿,[早上]天快亮时,希珀克拉底,1 也就是阿珀罗多罗斯的儿子、法松的兄弟,[310b]用手杖猛敲房门。有人刚把门打开,他就径直冲进来,大声嚷嚷,"哎呀,苏格拉底,"他说,"你醒了还是还在睡啊?"2

我听出是他的声音,于是我说:"希珀克拉底,[b5][我]在这儿呐;莫非你有什么糟糕事儿要通报?"

"没有、没有,"他说,"只有好事儿!"

"但愿你有好运,"我说,"究竟什么事儿啊,为何你一大早就来?"

"普罗塔戈拉……来啦。"他站在我旁边说。

"前天[就来了],"我说,"你才听说?"

"凭诸神[发誓],"他说,"[昨天]傍晚[才听说]。"

1　希珀克拉底是普通青年,未见史籍提及。 在阿里斯托芬的《云》中,以 hippo-[马]开头的人名被用来喻指弟子。

2　[译按]这里表明,随后的戏剧性谈话发生在上午。换言之,同一个事件在一天中发生了两次:谈话事件发生在上午,苏格拉底对朋友复述这次谈话则是在当天下午。

这个年轻人的天性

[310c]说着他摸到[我的]小床,在我脚那头坐下说道:"真的,[昨儿]傍晚[才听说],[当时]我从奥伊诺厄回来已经很晚。[1] 哎呀,我的家奴萨图罗斯跑啦;真的,我[本]想来告诉你,我要去追他,由于[c5]别的事儿就给忘了。我回来后,我们吃晚饭,然后打算睡觉,这时我兄弟告诉我,普罗塔戈拉来啦。[1] 当时我就已经要动身立刻来找你,随后我[又]觉得夜太深。等[310d]一顿酣睡很快把我从疲劳里释放出来,我立马起身,随即赶来这儿。"

我认识他这人的勇敢,还有[好]激动,于是我说:

1　奥伊诺厄是雅典西北靠近 Eleutherae 地区的一个小镇,这个地名也许是反讽,因为 Eleutherae 这个地名的字面意思是"自由",希珀克拉底到靠近"自由"的地方去追逃跑的奴隶。

1　[施疏]柏拉图让普罗塔戈拉来雅典的消息出现在人们满足最为日常的需求的时刻。 希珀克拉底的兄弟更早知道普罗塔戈拉来了雅典,但他对此无动于衷,可见他没有追求智慧的兴趣。

"这同你有什么相干？莫非普罗塔戈拉错待你什么啦？"

他笑了说："没错，[d5]凭诸神发誓，苏格拉底，因为唯独他是智慧者，却不打造我是[智慧者]。"

"可是，凭宙斯，"我说，"要是你给他钱，说服他，他也会造就你[拥有]智慧的东西。"

"但愿哦，"他说，"宙斯和诸神啊，要[310e]是这样的话[就好了]；因为，我不会留下哪怕一点儿无论是我自己的还是我朋友们的[钱]。正是为了这样一件事儿，我此刻就来找你，要你替我同他说说。毕竟，我眼下还年轻啊，何况，我还没见过普罗塔戈拉呢，甚至没听他说过任何话；[e5]他第一次来雅典时，[1] 我还是个孩子。再说，苏格拉底，所有人都在夸赞这个男人，说他在言谈方面最智慧。[2] 为什么我们不这会儿就[311a]去他那儿，在他出门前逮住他？听说

---

1 普罗塔戈拉第一次到雅典是在公元前 444 年。

2 [施疏] 希珀克拉底把懂修辞等同于有智慧，可见他不能区分修辞术与智术，或者说，当时的人们不能区分修辞术与智术——反过来看，智术师们是否区分两者呢？ 关于这个问题，柏拉图的《高尔吉亚》有透彻的探究。

他正在希珀尼科斯的儿子卡利阿斯那里,1 我们走吧。"

想清楚自己要成为什么样的人

我说:"我们别[急着]去那儿,好小子,毕竟[天色]还早呐。不如我们立马起身,去院子里转转,我们在那里悠闲悠闲,等天亮,然后我们再走。毕竟,[a5]普罗塔戈拉大多时候都在家悠闲。你得有信心,我们兴许会在[卡利阿斯]屋里逮着他。"

说罢我们就起身,在院子里转悠。2 [311b]为了考

---

1 卡利阿斯是雅典富豪,其父希珀尼科斯在公元前424年战死,留下他巨额财富。其母跟希珀尼科斯离婚后嫁给伯利克勒斯又生了两个儿子,即下文出现的帕拉罗斯(314e)和克桑提珀斯(315a)。因他太富有,雅典人有时直接称他"富翁"。他喜交智术师,经常在家接待外邦来的智术师。苏格拉底说他"赠送智术师们的金钱,数目比所有人赠送的总和还多得多"。由于挥霍无度,最后家财散尽,贫困不堪。

2 [施疏]柏拉图笔下的苏格拉底在床边的谈话共四次:《克力同》中与克力同的谈话,《会饮》中阿尔喀比亚德记叙的与苏格拉底的床边谈话,《斐多》中与哲学青年的谈话。

察希珀克拉底的决心,我问了些问题来考察他。1 我说:"给我说说看,希珀克拉底,你这会儿打算去普罗塔戈拉那儿,想要付钱给他,作为教你的酬金,这是去什么人那儿,并要成为[b5]什么人呢?比方说吧,如果你打算去与你同名的科斯岛的希珀克拉底——也就是阿斯克勒皮俄斯家族的那个[希珀克拉底]那里,2 为了自己付他一笔钱,若有

床边谈话是最为私密的谈话,这四次谈话唯有《斐多》中的谈话是多人在场,其他三次都是单独谈话。《克力同》的谈话地点在苏格拉底的囚室,而非睡房,与《斐多》相同。 就谈话涉及的内容而言,与希珀克拉底的床边谈话接近《会饮》中阿尔喀比亚德记叙的谈话,两次都是最为平常的时刻。 可以说,《克力同》与《斐多》的床边谈话构成一对;这里的床边谈话与《会饮》中的床边谈话构成一对。

1　[施疏]在这里可以看到戏剧文体与叙述文体的差异:叙述文体可以直接呈现角色的主观意图。 要不是苏格拉底这里的叙述,我们很难看出接下来的这段对话是苏格拉底在测试希珀克拉底的决心。

2　希珀克拉底是古希腊医术的奠基人,与苏格拉底同时代;阿斯克勒皮俄斯则是传说中的医术始祖,被尊为医神。

人问:'说说看,希珀克拉底,因为他是个什么[人]你 1 [311c]打算付希珀克拉底一笔呢?'你会怎样答?"

"我会说,"他说,"是个医师。"

"为了成为一个什么[人]呢?"

"医师。"他说。

"那么,要是你找到阿尔戈斯人珀吕克莱托斯或雅典人斐狄阿斯,2 打算为了你自己付他们一[c5]笔,这时有

1　[译按]原文为"是个什么",意思指此人有什么能力(尤其才能)。 如我们对某个人好奇时会问"他是干什么的",回答说:他是诗人或小提琴家或商人。 [施疏]苏格拉底具体问的是:对自己将要成为什么样的人是否清楚。 这段对话与《高尔吉亚》447d 是符类段落,但这里的讨论比《高尔吉亚》中的段落要详细得多。 苏格拉底突然虚拟出一个第三者来代替自己与希波珀克拉底对话——"若有人问……"于是,苏格拉底在自己主导的对话中虚拟出一层对话:**对话中**的对话。

2　珀吕克莱托斯是阿尔戈斯人,著名画师,生卒年不详;斐狄阿斯(约公元前 490—前 430 年)是雅典人,著名雕刻师,曾主持修建帕特农神庙,其中最美的雕塑都出自他手。

人问你:'你打算付这笔给珀吕克莱托斯和斐狄阿斯,因为[他们]是什么啊?'你会回答什么?"

"我该说,雕刻家。"

"那么,你自己要成为什么呢?"

"很清楚嘛,我该成为雕刻家。"

"那好,"我说,[311d]"这会儿我们已到了普罗塔戈拉那儿,我们——你和我——肯为了你付钱给他,如果我们的钱够数,就用这笔来说服他;要是不够数,就把乡友们的也搭上。那么,[d5]我们如此热切地追求,倘若有个人问我们:'苏格拉底,还有你——希珀克拉底,请对我说说,你们打算付钱给普罗塔戈拉,由于他是什么呀?'我们该[311e]回答什么?对普罗塔戈拉,我们听见人家用什么别的名称称呼他来着?比如,称呼斐狄阿斯为雕刻家,称呼荷马为诗人;我们听到人们相应地称呼普罗塔戈拉什么?"[1]

"哎呀,人家把[e5]这人叫智术师,苏格拉底。"他说。

"啊哈,因为是智术师,所以我们要去付钱啦?"

"完全没错。"

---

1 [施疏]苏格拉底装作不知道人们怎么称呼普罗塔戈拉。

"要是还有人问你:[312a]'你自己呢,你去找普罗塔戈拉,为的是让自己成为什么人?'"

他脸红了——当时已经天光熹微,脸红清楚可见——他回答说:"要是这与刚才的那些[问题]相像的话,显然为的是成为一个智术师。"

"你呀……"[a5]我说,"凭诸神发誓,你让你自己在希腊人面前是个智术师,难道你不感到羞耻?"1

"怎么不会呢,凭宙斯,苏格拉底,要是得说出我的想法的话。"

"不过,希珀克拉底,兴许你并没有以为,跟普罗塔戈拉学[312b]就会让你自己成为[智术师]这样的人,而是[认为]像跟语文教师、音乐教师、体育教师学习一样?毕竟,从这些课业你并非为的是习得一门技艺,由此成为那样的一个

---

1 [施疏]这次是苏格拉底先发誓,而且是向"诸神"发誓。 苏格拉底有可能意在提醒希珀克拉底留意普罗塔戈拉对于诸神的态度,因为,普罗塔戈拉著名的《论诸神》一文怀疑诸神的存在。 做普罗塔戈拉这样的人的学生,无异于拜一个不虔敬的人为师。 按社会上的看法,智术师错在教学收费,与此不同,苏格拉底则认为,这类智识人错在怀疑诸神的存在。

艺匠,而是为了接受针对常人和自由民的教化。"[1]

"的确,[b5]我也这么觉得,"他说,"跟普罗塔戈拉学,其实不外乎如此。"

"那么,你知道你这会儿要去做的事情了吧,抑或你没觉察到?"我说。

"[没觉察到]哪一点?"

"[没觉察到]你打算把自己的灵魂交[312c]付给一个你称为智术师的男人照看。我很好奇,你是否知道,一

---

[1] "常人"指不具备技艺的人,与"艺匠"相对,也与"诗人""医生"之类有技艺的人相对;"自由人"则指不靠攒钱过日子的人。这类人的教育如今叫做"自由教育",即目的不是使得一个人具有挣钱能力,而是培养品德使其成为好人。在荷马时代,"教化"这个词是高贵政体的表征,它所表达的政体理想是:要人争做最优秀的人(参见《伊利亚特》6.208)。由于要求做德智体全面发展、言行举止得体的人(《伊利亚特》9.443),教育(以传统故事[所谓神话]和诗歌为主要内容)就成了关键。在民主政体时期,智术师派提出了另一类教育:通过掌握修辞术能在政治生活的方方面面如鱼得水,其目的是教人在城邦政治生活中显得杰出。

个智术师究竟是什么东西。就是说,要是你还没有认识到这一点,要是你并不知道在把灵魂交付给谁,你就不知道正在把灵魂交付给要么好要么坏的事情。"1

"我认为嘛,起码……"他说,"还是知道吧。"

"那说说看,你认为[c5]智术师是什么?"

"我嘛,"他说,"就像这名称所说,一个智术师就是对智慧的东西有知识。"

于是我说:"对画师和木匠,不也可以说这个——他们对智慧的东西有知识?2 可是,[312d]要是有人问我

1　[施疏]苏格拉底直截了当地提醒希珀克拉底,做智术师的学生可能损害自己的灵魂。这是第二次警告,尽管仍然显得温和,用了假设性的条件句。苏格拉底对希珀克拉底提出教育与灵魂的关系问题,以他关心自己的灵魂为前提。在柏拉图笔下,苏格拉底关心灵魂问题,首先是关心自己的灵魂(参见《苏格拉底的申辩》)。

2　[施疏]"画师"技艺可能被用来形容智术师所有的修辞术,"木匠"的职分是建房屋,很有可能暗指政治生活,因为建屋涉及城邦,或者说城邦是由房屋(家)构成的(比较亚里士多德《政治学》的开头)。从而,画师和木匠并

们:'画师对哪些智慧的东西有知识?'我想,我们会这样回答他:'这些东西涉及描画肖像,以及其他类似的东西。'可要是有人问:'智术师呢,对什么智慧的东西有知识?'[d5]我们该怎样回答他?智术师对什么样的工作有知识?"

"我们该说他是什么呢,苏格拉底,除了对造就人在言说方面厉害有知识?"

"也许吧,"我说,"我们兴许就说真有那么回事吧。不过,要说啊,这还不够,这回答要求我们进一步问:智术师在哪些事情上造就人言辞厉害?[1] 比如说,基塔拉[312e]琴师明显在他有知识的事情上造就人言辞厉害,也就是在基塔拉琴的事情上言辞厉害,对吧?"[2]

举,很有可能暗含修辞术与政治的关系。 当然,这两个语词的并用也可能仅仅表明,苏格拉底从最普通的智慧问起。 事实上,智慧可以体现在许多方面,而且与智性不是一回事。

1　[施疏]"造就人"的说法在一开始说到智术师时就用过,这里的重复已经上升到一个新的层面:**在哪方面"造就人"**。

2　[译按]基塔拉琴($κιϑάρα$)是一种古传的七弦乐器,比"里拉琴"(Lura)稍大,其形有如今天的竖琴,但体型小得多。 荷马写作$κιϑαρις$,参见《奥德赛》1.153-154:

"没错。"

"那好。那么智术师呢,在什么事情上他造就人言辞厉害?是不是明摆着在他拥有知识的事情上?"

"好像是这样。"

"那么,智术师自己[对其]拥有知识并且[e5]让自己的学生也拥有知识的这个东西,是什么呢?"

"天哪,"他说,"对你我还真说不上来。"

小心爱护自己的灵魂

[313a]经过这番[谈话]以后,我就说:"怎么样啊?你知道押上自己的灵魂是在冒怎样一种危险吗?如果你必须得把自己的身体交托给什么人,而冒这个险会使得身体要么有益要么糟糕,难道你不会翻来覆去想想,究竟该不该[a5]交托[给他],你会把乡友们和亲戚们叫到一起商议,1 考虑

"一位侍从把无比精致的基塔拉琴送到费弥奥斯手里。"

1 [施疏]友的关系重在亲近、顺从、相敬爱。 在《克力同》(44c3)中,克力同把苏格拉底视为"乡友"。[译按]汉语"友"的字形为两"又"[手]相交。《说文》训"相交为友";《广雅·释诂三》训"友,亲也";《尔雅·

好多天。你所想的东西,也就是你的灵魂,要比你的身体更值,对灵魂要么有益要么糟糕,端赖于你自己的所作所为是好还是坏。可是,在这件事情上,你却既没有与父亲也没有与兄弟[313b]商量,甚至没有找你的我们这些友伴们中的任何谁商量,是否该把你的灵魂交托给这个来到此地的外邦人。相反,你[昨儿]晚上才听说他[到了]——如你所说,[今儿]天刚亮就早早跑来,对是否应当把[b5]你的灵魂交托给他,你自己没个说法,又不同任何人商量,却已经打算用上你自己的钱,还有你朋友们的钱,就好像你已经清楚认识到,方方面面都应该做普罗塔戈拉的学生,可你并不认识他,如你自己所说,也从不曾[313c]和他交谈过。你称他智术师,可你显得并不知道智术师究竟是什么,就这样一个人,你竟然打算把自己的灵魂交托给他。"

释训》则训"善兄弟为友"。《孟子·滕文公上》有言:"乡田同井,出入相友,守望相助,疾病相扶持,则百姓相睦。"可见,"友"基于"乡田同井",后来才超出地域限制。 比如,柳宗元在《师友经》中写道:"与人为友,不以道而以利,举世无友。"

听了我这番话,他说:"从你说的来看,苏格拉底,好像是那么回事。"1

"所以,希珀克拉底呀,智术师不恰恰[c5]就是某个贩卖养育灵魂的东西的大贩或小贩么?据我看哪,智术师就是这类人。"2

"可是,苏格拉底,灵魂靠什么得到养育呢?"

1　[施疏]回顾一下谈话以来希珀克拉底的反应:起初是"笑了起来"(310b4),显得自以为是;然后是"脸红",感到羞耻;现在是"听话"——希珀克拉底变得有理智起来。与此同时,两人对话时向神发誓的口头禅没有了。苏格拉底越是逗趣的时候,向神发誓越多,话题越严肃时,发誓越少。

2　[施疏]苏格拉底在开头自己提出的问题,现在由他自己来回答,这个回答经历了一场辩证对话。在这部作品的三场对话中,苏格拉底与希珀克拉底的对话是唯一的单独对话,开场的对话虽然是与一个朋人对话,听者却不止一个;接下来的对话同样有许多听者。这一谋篇表明,唯有在这场对话中,苏格拉底很可能才说出了对智术师的真实看法。倘若如此,这就为我们看待随后的对话提供了一个衡量尺度。

"兴许靠学习吧。"我说,"不过,友伴啊,智术师夸赞自己出售的东西不会是在哄骗我们吧,就像那些商人或小贩夸赞[313d]涉及身体的食物？毕竟,那些人其实并不知道自己带来的贩运品对身体有益还是糟糕,他们夸赞出售的所有东西,从他们那儿买[东西]的人们其实也不知道[对身体有益还是糟糕],除非碰巧有人是体育教练或医生。[1][d5]同样,那些人拎着学识周游各城邦贩卖,向那个[对学识]总有欲求的人兜售,他们夸赞自己贩卖的所有东西。可是,最好的人儿,有些人兴许并不知道自己贩卖的每样东西[313e]对灵魂有益还是糟糕;同样,从他们那里买的人也不知道,除非他碰巧是个灵魂的医生。

"所以,要是你恰好对什么是有益的东西和什么是糟

---

1 [施疏]为什么苏格拉底不是说"除非他碰巧是个灵魂的体育教练"？ 换言之,苏格拉底为什么不直接说让灵魂健康,而是治疗灵魂？ 可以设想的答案是,在苏格拉底看来,灵魂天生就病弱,因此人类一开始需要的就是灵魂的医师而非健身师——苏格拉底在《王制》中曾说（341e – 342a）：人类之所以发明医术,乃因为人的身体本身有欠缺;或者说自然本身有欠缺,因此需要技艺来发展自身,技艺的目的是使不完善的自然达到完善。

糕的东西有知识,你向普罗[e5]塔戈拉和别的任何谁买学识才安全。但倘若不是的话,幸运小子,看好啊,[314a]可别拿自己最心爱的东西去下赌和冒险。毕竟,购买学识的危险比购买食物大很多。从大贩或者小贩那里买来吃的喝的,一个人有可能把它们摆在别的盛器里,[a5]在把它们吃进喝到身体中去之前,有可能放在自己家里,叫来那个夸赞的人商议一下,什么该吃该喝、什么不该吃不该喝、吃多少喝多少和什么时候吃喝;1 所以,购买食物的危险不大。可学识就没可能[314b]用别的盛器装走,相反,一旦付了钱,把学识装进灵魂,获得学识,离开时灵魂必然不是已经受到损害,就是已经获得裨益。

"所以,我们得认真看清楚这些事情,而且同[b5]我们的长辈们一起[看清楚];毕竟,我们还太年轻,决定不了这样大的事。不过,既然我们已经起了心,就不妨去吧,听听那人[的说法];听的时候,我们不妨也同其他人一起交流。毕竟,那儿不仅普罗塔戈拉一个人,

---

1　[施疏]苏格拉底在这里打比喻时增加了"喝的",显然与智术师有关。 在《会饮》一开始可以看到,智术师的学生阿伽通主张,智慧可以从一个杯子倒进另一个杯子。

[314c]还有厄利斯人希琵阿斯,¹ 我认为,科俄斯人普罗狄科也在,² 还有许多别的有智慧的人。"³

1　希琵阿斯是著名智术师,生卒年不详,年纪大约与苏格拉底相同。他学问渊博,据说上至天文、下至裁缝技艺,无所不通,尤精天文、几何。在《希琵阿斯前篇》中,柏拉图把他描绘为样样知、样样能却又浅薄无用。

2　普罗狄科(公元前465—前395年)是著名智术师,精通语义辨析,尤其善于辨析同义词,很可能是伊索克拉底、欧里庇得斯和忒拉绪马科斯的老师。他经常访问雅典,教人如何在演说中正确用字——苏格拉底自称是他的学生。

3　[施疏]在《高尔吉亚》中,苏格拉底与高尔吉亚的直接对话不多,这里则几乎主要是苏格拉底与普罗塔戈拉的直接对话,从而,《普罗塔戈拉》与《忒拉叙马科斯》(《王制》卷一)一样,讨论的是更高的主题即智术,而非修辞术。然而,就实际处理的问题而言,《高尔吉亚》(与《忒拉叙马科斯》相似)比《普罗塔戈拉》更高,因为,希珀克拉底的天资和智性都不及卡利克勒斯或者格劳孔,而且年轻、单纯得多。他虽然勇敢,却是有点儿女性化的勇敢,说话不断向神发誓。他满脑子对智性的模糊向往,对新鲜的和异邦的东西有热情,

[附释] 这一场景显得是场景一开场的延续。换言之，无名的友伴们同样对智术师是什么样的人并不清楚，而且与希珀克拉底一样，对智术师有一种盲目的好奇和崇拜。我们看到，苏格拉底仅仅引用荷马就打发了开场那位朋友，但对希珀克拉底，苏格拉底没有这样做，他没有征引任何传统权威。

为什么如此？因为希珀克拉底显得不是一个天资聪慧的青年，智性并不高，他来找苏格拉底是希望苏格拉底把他引荐给普罗塔戈拉，却没有把苏格拉底看作可以从他那里学到智慧的人——智慧与对智性的热情，甚至与有智性是两回事情。柏拉图设计这个人物可能意味着，有些人的灵魂需要监护，而非把他们引入高深的论辩。

比较自我中心。 苏格拉底仅仅引用荷马就打发了开场那位朋友，但对希珀克拉底，苏格拉底没有这样做——没有引征任何传统权威。

场景三　苏格拉底下到冥府

[题解]接下来的场景是普罗塔戈拉下榻的雅典富豪的家,苏格拉底的叙述从他与希珀克拉底"上路"开始,直到他们进入雅典富豪的家见到普罗塔戈拉。

苏格拉底暗示,他和希珀克拉底撞上的这次智术师的聚会是闭门聚会,接下来的谈话也都闭门进行,并非公共场合的谈话。我们需要考虑为什么不是公开的;进一步还要考虑,为什么苏格拉底在集市上主动对一群人公开这次谈话。

带着这样一个意见我们上路了。不过,到了大门口,我们站了下来,继续谈论路上我们碰到的[c5]某些话题。由于不想话题半截子撇下,而是这样子继续下去，直到有结论，我们站在大门口谈了一会儿，直到相互之间达成了某种一致。[1] 所以，我觉得，那个门房——某个阉人——听到了我们［的谈话］，而且似乎[314d] 由于有大批智术师进了这院子来，他烦得不行。不管怎样，我们敲门，他打开门见到我们，他说："嗐，又是些个智术师！他本人没空闲！"[2] 说着就用双手狠狠

1　［施疏］柏拉图在这里让我们感到奇怪：苏格拉底讲了很多细节，偏偏没有说这个细节具体谈的是什么，达成了怎样的一致。这证明苏格拉底的讲述并未披露这次事件的每一具体内容。值得注意的倒是，两人站在那里完成了交谈，有了最后的结果——与此不同，随后苏格拉底与普罗塔戈拉的对话最终没有完成，在关键的地方中断了。这也许意味着，苏格拉底与希珀克拉底能够达成一致，却最终没法与普罗塔戈拉达成一致。不过，我们应该更为关注苏格拉底讲述的他与希珀克拉底在院子里的谈话。把注意力放在特别难以理解的地方，而不是放在自己能够理解的地方，不是聪明的做法。

2　"他本人"这里指"主人家"。不过，在学园里，老师也被叫做"他本人"。因此，门房显然指自己的主人家，

把门摔［d5］上。[1] 我们再敲，他隔着关上的门在里面回答："你们这些家伙啊，没听见说他本人没空闲？"

"可是，上人，"我说，"我们不是来找卡利阿斯，而且我们也不是智术师，您放心吧；［314e］我们来是需要见见普罗塔戈拉。请通报一声吧。"过了一会儿，这人很不情愿地替我们开了门。

但在希珀克拉底听来，则可能理解为他要找的"老师"普罗塔戈拉"没空闲"。

1 ［施疏］阉人讨厌智术师，因为他觉得智术师整天坐在屋子里不停嚼舌头，像女人不像男人。 男人应该在市场、公民大会或战场上忙乎。 换言之，在常人眼里，智术师都有点儿怪里怪气，不像正常人。 不过，阉人应该很温驯，像阉掉的马或公牛，这阉人为什么显得雄赳赳的？ 色诺芬在《居鲁士的教育》7.5.59-65曾写到，居鲁士如何审慎思考自己身边的人谁最值得信赖。 在他看来，最为可靠的是当内宫侍从的阉人，这不仅因为他没有妻儿家室和自己所珍爱的家私，而且因为自己被阉割而自尊心严重受损。 对这种人来说，最需要的是依附一个强有力的主子，以便遇到伤害时可以帮他，也可以使得他富有。

智术师的三种姿态

进到里面后,我们拿到正在廊前踱步的普罗塔戈拉。[1] 围着他一起踱步子的,[e5]一边是希珀尼科斯的儿子卡利阿斯和伯利克勒斯的儿子帕拉罗斯,[2] 这两人是同母[315a]异父兄弟,还有格劳孔的儿子卡尔米德。[3]

---

1 [译按]苏格拉底是在对市场上的一群人讲述自己带希珀克拉底去见普罗塔戈拉的经历,他刻意用"我们拿到正在廊前踱步的普罗塔戈拉",以示对这位智术师的轻蔑,表明自己与智术师并非一伙。《柏拉图四书》的编辑以为"拿到"是译者的笔误,遂改为"看到"。

2 伯利克勒斯(约公元前495—前429年)早年曾是著名自然哲人阿纳克萨戈拉的学生,从公元前463年起,直到前429年去世,一直是雅典十将军成员。 在伯利克勒斯治下,雅典城邦日益强盛起来。 伯利克勒斯集公民大会的所有权力于一身,成功地建立了雅典城邦在海上的军事优势(史称公元前5世纪为伯利克勒斯的世纪)。

3 这个卡尔米德是柏拉图的舅父,雅典贵族世家子,苏格拉底曾鼓励他参加政治活动。 公元前404年雅典贵族复辟,另一边是伯利克勒斯的另一个儿子克桑提珀斯,斐洛墨罗斯的儿子斐利庇德斯,还有门德人安提摩伊罗斯,1 此人在普罗塔戈拉的学[a5]生中最受器重,他凭靠技艺学习为的是将来当智术师。还有一大批人紧跟在后面听[他们]在说什么,这些人似乎大多是普罗塔戈拉周游各城邦时带来的外邦人,普罗塔戈拉就像[315b]俄耳甫斯,2 用声音迷住这些人,而他们就在对这声音的痴迷中紧随着他。这个合唱歌队里甚至有几个本地人。看到这班合唱歌队,我特别乐的是,他们都小心翼翼,绝不抢在普罗塔戈拉步子之前碍着他。[b5]要是他本人折回,他身边的那些人跟着折回,这群听者就乖乖儿整整齐齐分列两旁,随

三十人执政团当政,领袖人物克里提阿斯是卡尔米德的叔父(一说"堂兄")。公元前403年,复辟势力与民主派军队交战,叔侄二人阵亡。

1　斐利庇德斯出身希腊望族,安提摩伊罗斯则无从查考,他是唯一有名有姓的普罗塔戈拉的弟子。

2　[译按]传说中的人物,传为忒腊克王俄阿格洛斯与缪斯卡利俄佩之子,阿波罗送给他基塔拉琴,缪斯们教他如何演奏。他的歌唱感动动物,连大树和石头都为之震动。

之绕个圈转身,总是保持在后面的位置,走得实在漂亮。

荷马说,"此后我又认出"[1]厄利斯人[315c]希琵阿斯,他端坐在对面廊下的一把椅子上,围着他的几条凳子上,坐着阿库美诺斯的儿子厄里克西马科斯、缪里努西俄斯人斐德若、安德罗提翁的儿子安德隆,以及几个外邦人,有些是希琵阿斯的同乡,有些[c5]不是。他们好像正在探问希琵阿斯一些天象学中涉及自然的和天上的东西,希琵阿斯坐在椅子上,正在对这些东西逐一下断语,详细讲解所问的问题。

接着,"我又认出坦塔罗斯"[2]——[315d]科俄斯人普罗狄科果真也在这院里。他在某个房间里,这房间原是希珀尼科斯的贮藏室,由于这会儿寄宿的人多,卡利阿斯将这房间腾空,供外邦人寄宿。普罗狄科这时正躺[d5]着,看上

---

[1] 苏格拉底让自己化身为荷马笔下进入冥府召唤英雄们的亡魂时的奥德修斯,当时奥德修斯说:"此后我又认出力大无穷的赫拉克勒斯,一团魂影。"(《奥德赛》11.601,王焕生译文)

[2] 语出《奥德赛》11.583。坦塔罗斯是希腊神话人物,因偷神的食物予人,被罚在冥府永受饥渴之苦。苏格拉底用他来比拟普罗狄科身体虚弱,身受苦楚。

去裹着羊皮和毯子以及好多东西。紧挨着他的长凳上,坐着来自喀拉美斯的泡萨尼阿斯,泡萨尼阿斯旁边的那个年青人还很年轻,我感觉他[315e]天性既美又好,模样非常漂亮。我觉得,我听到他的名字叫阿伽通,1 如果他恰巧是泡萨尼阿斯的男伴,我不会吃惊。这个[阿伽通]还是个少年,两个叫阿德曼托斯的也在,一个是喀庇多斯的儿子,一个是[e5]琉科罗斐德斯的儿子,还有其他一些人。至于他们在说些什么,我从外面没法听到,虽然我非常想听普罗狄科[说的话]——毕竟,我觉得这人智慧圆融,[316a]而且神气——由于他嗓音低沉,屋子里有一种嗡嗡声,没法听清在说什么。2

1　阿伽通生于公元前448或447年,后成为著名肃剧诗人。按这里的历史时间(公元前432年),当时他大约16岁。

2　[施疏]对前两位智术师,苏格拉底没有说想听他们在说什么,却听到了普罗塔戈拉和希琵阿斯在说什么。苏格拉底提到希琵阿斯在说什么,却只字不提普罗塔戈拉在说什么,可见对他说的没有丁点儿兴趣。苏格拉底对智术师的描述明显带有调侃口吻,尤其对普罗塔戈拉的描绘。在苏格拉底看来,缺乏自知之明是一种"可笑的"灵魂品质。

我们刚进去,阿尔喀比亚德就紧跟着我们进来,这美人哦——就像你说的,我[a5]服了——还有卡莱斯克罗斯的儿子克里提阿斯。[1] 就这样,我们进来后,[2] 在一些小事上悠闲了一小会儿,仔细看了看这些,然后朝普罗塔戈拉走去。

普罗塔戈拉谈智术师传统

[316b]我说:"普罗塔戈拉,我们来拜访你,你瞧,我和这个希珀克拉底。"

"你们希望单独[同我]谈谈,"他说,"还是跟其他人一起[谈]?"

[b5]"我们嘛,"我说,"一点儿没所谓。不过,你听

---

1 克里提阿斯是柏拉图的堂舅,肃剧诗人,与智术师们过从甚密,公元前404至前403年雅典复辟时的三十人执政团成员之一,事败后丧生。

2 [施疏]这里的"我们"很可能包括阿尔喀比亚德和克里提阿斯,从而形成苏格拉底一伙。 因此,舞台上实际上共四伙人:三位智术师各自形成一伙,苏格拉底与自己的追随者也形成一伙。

听我们为何而来,你自己考虑吧。"[1]

"那么,是什么呢,"他说,"你们为何而来?"

"这个希珀克拉底是本地人,阿珀罗多罗斯的儿子,出自一个大户殷实人家。他嘛,天性似乎与同龄人有得一比。我觉得,他欲求[316c]成为这城邦中数得着的人物。[2] 他认为,要是他跟了你的话,这事儿绝对就会成啦。所以,请你考虑一下这些,你觉得关于这些事情你需要一对一谈,还是与其他人一起[谈]。"[3]

[c5]"正确啊,"他说,"苏格拉底,你替我事先考虑。

1　[施疏]普罗塔戈拉让苏格拉底和希珀克拉底选择,苏格拉底反过来让普罗塔戈拉选择——这是苏格拉底与普罗塔戈拉过的第一招。

2　[施疏]希珀克拉底先前并没有向苏格拉底表达这样的政治热望,仅仅说自己想成为有智慧的人。 显然,这是苏格拉底自己编出来的说法,希珀克拉底未必这样想。

3　[施疏]先前苏格拉底提醒雅典年青人希珀克拉底小心普罗塔戈拉对他的危害,在这里则提醒普罗塔戈拉小心蠢人和蠢儿子一类对他的危害。 显然,对希珀克拉底这类人有危害,未必等于对其他人也有危害。

毕竟，一个异乡的人物，在各大城邦转，说服那儿最优秀的青年们离开与别人在一起——无论熟悉的人还是陌生人，老年人还是年轻人——来跟他在一起，为的是他们靠与他在一起[316d]将会成为更好的人——做这种事情必须得小心谨慎。毕竟，这些事情会招惹不少的妒忌，以及其他敌意乃至算计。[1]

"我说啊，智术的技艺其实古已有之，古人中搞[d5]这技艺的人由于畏惧这技艺招惹敌意，就搞掩饰，遮掩自己，有些搞诗歌，比如荷马、赫西俄德、西蒙尼德斯，另一些则搞秘仪和神谕歌谣，比如那些在俄耳甫斯和缪塞俄斯周围的人。我发现，有些甚至搞健身术，例如塔伦图姆的[d10]伊克科斯，[2] 以及还健在的头号智术师[316e]塞

1　[施疏]高尔吉亚也说到修辞家面临被逐出城邦的危险，他懂得，有人学会修辞术这种非常有力的武器后会拿来行不义。但高尔吉亚说，以此为理由把所有修辞家逐出城邦则是不对的（比较《高尔吉亚》456c - 457b）。普罗塔戈拉并没有提到智术也有被人用来行不义的可能，他强调的是，智术会让人们变得更好。

2　伊克柯斯是当时著名的体育家和教练。

吕姆比里亚的赫罗狄科斯 1 ——原来是麦加拉人。你们的阿伽托克勒斯用音乐搞掩饰,是个了不起的智术师;还有克莱俄人皮托克利德斯 2 以及其他多数人。所有这些人,如我所说,都因为畏惧妒忌而用这些[e5]技艺作掩饰。

"我呢,[317a]在这一点上可不与所有这些人为伍。毕竟,我认为,他们没有实现自己的所愿:没逃脱各个城邦中那些有权力的人——恰恰由于这些人才有掩饰[的必要]。至于众人,[a5]压根儿就毫无感觉,有权力的[人]宣讲什么,他们跟着唱什么。[倘若想要]偷偷溜走又没法偷偷溜走,而是被看出来,这溜走的企图就太愚[317b]蠢略,而且必然使得世人更敌视他。毕竟,世人会认为,别的不说,这样一个人简直是无赖。

"我呢,采取的做法与这些人完全相反:我既承认自己是智术师,也承认我[b5]教育世人。3 而且我认为,这

---

1 赫罗狄科斯出生于距雅典三四十公里的麦加拉,体育教练,同时行医。

2 阿伽托克勒斯和皮托克利德斯均为当时的著名乐师,后者还是一个能干的治邦者。

3 [施疏]普罗塔戈拉可以说是有史以来第一个把自己的名字与智术师直接等同起来的智识人,普罗塔戈拉这个名字

样一种小心谨慎比那种[小心谨慎]更好:与其否认[是智术师]不如承认更好。[1] 当然,除此之外,我也考虑到其他[小心谨慎],所以,凭神来说,我不会由于[317c]承认自己是智术师而遭遇任何可怕的事情。我投身这门技艺已经好多年;事实上,我已经大把年纪,凭这年纪,你们中间没谁我不可以做父亲。[2] 所以,对我来说,[我]会非常乐意——倘若这是你们的所愿——就[c5]这些事情

的希腊文原文含义就是 πρωτ-αγός [先导、先锋]。

1 [施疏]我们恐怕难以理解,公开承认自己是智术师何以反倒可以避开政治危险。 其实,我们可以想起后人举的例子:一个王子穿着破烂衣衫要想混出城门,他高调宣称自己是王子,结果被城卫撵出城门,因为城卫以为,王子怎么可能衣衫破烂兮兮。 事实上,普罗塔戈拉马上补充说,他也会考虑采用其他附带的措施。 可见,仅仅靠公开身份还不足以让自己安全,尚需要其他法子的配合。

2 [施疏]在旁边的希珀克拉底听了难免会想起前面苏格拉底对他说的话:灵魂方面有事情首先得找父亲商量。 普罗塔戈拉让自己充当在场的人的父亲,所谓启蒙,严格来讲就是哲人教育取代传统的父教。

民主的聚会

我猜他很想在普罗狄科和希琵阿斯面前演示一番,让自己充分显得我们这些有爱欲的[317d]都是冲他而来,因此,我说:"我们为什么不把普罗狄科和希琵阿斯以及与他们在一起的人也叫过来,以便他们也听听我们的?"[1]

"当然好啊。"普罗塔戈拉说。

[d5]"那么,"卡利阿斯说,"你们想要我们布置出一个议事间吗,这样你们可以坐着谈?"

[大家都]觉得需要;我们所有人都欣喜不已,既然要聆听这些有智慧的人[交谈],我们自己搬凳子和长椅,摆到靠希琵阿斯那里,因为,那里已经[d10]有些凳子。我们忙乎这的时候,卡利阿斯和阿尔喀[317e]比亚德两人去领普罗狄科——扶他下长椅——和与普罗狄科在一起的人。

---

1 [施疏]苏格拉底没有说只听普罗塔戈拉一个人的,而是"也听听我们的"。

[附释]最后选择的地方在希琵阿斯那里,而非在普罗狄科的床边,因为那里有长凳,而且地方够宽。于是,所有人都聚集在自然学家希琵阿斯身边。设定的场景是虚拟的具有民主政治含义的"议事间",似乎暗示了形而上学与实际政治的重叠——这正是政治哲学的位置。普罗狄科在三位智术师中年纪最大,属于普罗塔戈拉一边的卡利阿斯和属于苏格拉底一边的阿尔喀比亚德扶他过来。

可见,普罗狄科是这次"议事会"中最受敬重的老辈人,讨论遇到分歧最终要靠他来裁断——换言之,这次讨论显得仍然带有遇到问题与长辈商量的意味。反过来看,普罗狄科十分谦和,他并没有要求大家都聚集到自己身边来谈。

一 普罗塔戈拉如何论民主德性

［题解］我们必须记住,苏格拉底是在对市场上的人讲述,而这篇对话以友伴怀疑苏格拉底刚从阿尔喀比亚德那里来开头。

现在,表面上的戏剧主角是希珀克拉底,对话很可能会变成普罗塔戈拉与希珀克拉底之间的对话。那样的话,苏格拉底就会被晾在一边,而希珀克拉底又显然没有能力与普罗塔戈拉直接展开对话式讨论,结果必然是普罗塔戈拉对希珀克拉底来一番训话。

然而,苏格拉底以自己向普罗塔戈拉讨教的方式巧妙地让自己顶替了希珀克拉底的位置,并多次让普罗塔戈拉陷入尴尬。

我们大家坐到一起后，普罗塔戈拉说："现在，苏格拉底，既然都在这里了，请你[e5]把刚才关于这年轻人对我说的话再说一遍。"

[318a]于是我说："普罗塔戈拉，我为这事的开头本身是这样的，也就是说，我为何而来。这不，这希珀克拉底正欲求要跟你当学生。他说他乐于了解，要是跟你在一起，自己会有怎样的结果。我们[a5]的说法就这样。"1

1　[施疏]苏格拉底没有再提到希珀克拉底的天性和出身，尤其重要的是，没有再提希珀克拉底要做政治人的热望。苏格拉底与希珀克拉底单独谈话时，希珀克拉底的愿望含糊不清，随后的两次是苏格拉底在替希珀克拉底表达。但是，苏格拉底的这两次替代表达的说法不同：对普罗塔戈拉说的是，希珀克拉底想要成为政治上有作为的人，现在对所有人说的是，他想要成为一般意义上的智识人。于是，普罗塔戈拉一拨人记得的是成为治邦者的问题，希琵阿斯和普罗狄科及其追随者们听到的是成为智术师的问题。由于普罗塔戈拉将要回答的是前一个问题，成为治邦者的问题就隐藏在成为智术师的问题之中了。

逮着这当儿普罗塔戈拉就说:"年轻人啊,要是你与我在一起,那么,你与我在一起一天,回家时就会变得更好,接下来的一天同样如此,每天都会不断朝更好长进。"

普罗塔戈拉的承诺

[318b]我听了[这话]就说:"普罗塔戈拉,你说的一点儿都不让人惊讶,倒是看似如此。毕竟,即便是你这把年岁和这样有智慧的人,倘若有谁教你什么你恰好不知道的东西,你也会变得更好。别这样子[回答],[1] [b5]而是像这样:假若这希珀克拉底忽然改变欲求,转而欲求做赫拉克勒亚人宙克希珀斯的学生,[2] 而这个年轻人这

---

1 [施疏]普罗塔戈拉的话是对希珀克拉底说的,希珀克拉底显然没有能力与普罗塔戈拉直接展开对话式讨论,接下来必然是普罗塔戈拉对希珀克拉底来一番训话。苏格拉底马上作出反击,不让希珀克拉底处于无力承受的处境,他以挑战口吻说普罗塔戈拉的回答没有切题。

2 公元前5世纪最知名的希腊画家之一,柏拉图把他的作品当作模仿艺术的典范,参见《王制》卷十。

会儿刚刚抵达村社,希珀克拉底就来找他,就像眼下来找[318c]你,听他说了那些与从你这儿听到的完全相同的说法:做宙克希珀斯的学生,他将一天天变好,一天天长进。假若希珀克拉底进一步问他:'为什么你说我将会变好,我会朝向什么长进?'宙克希珀斯会对他说,朝向绘画术。又假若希珀克拉底去做[c5]忒拜人俄尔塔戈拉斯的学生,[1] 听他讲了那些与从你这里听到的完全相同的说法,他会进一步问,做这人的学生会朝什么一天天变好,俄尔塔戈拉斯会说,吹簧管啊。

"就这样子,你也告诉这年轻人,还有我,既然[318d]我在替他问,这希珀克拉底做普罗塔戈拉的学生,只要做一天他的学生,离开时都会变得更好,以后每天都会这样子朝什么[变好],普罗塔戈拉,为了什么长进?"

[d5]普罗塔戈拉听了我这番话后说:"你问得漂亮哦,苏格拉底,我呢,当然乐意回答这些问得漂亮的人。好吧,希珀克拉底来我这儿,不会遭受像做别的智术师的学生会遭受的那些事情。也就是说,别的智术师摧残年轻人。因

1　俄尔塔戈拉斯是 aulos [簧管] 演奏高手,aulos 是一种含簧片的竖着吹奏的乐器。

为,年轻人[318e]刚刚逃脱种种技艺,这些智术师违背年轻人的意愿,又逼着把他们领进种种技艺,教什么算术以及天文、几何、音乐——"这时,他瞟了希琵阿斯一眼,"来我这里呢,他将学到[e5]的不过是他来这儿为了要学的东西。要学的是持家方面的善谋,1 亦即自己如何最好地齐家,[319a]以及治邦者方面的善谋,亦即如何在治邦者方面最有能耐地行事和说话。"2

1　"善谋"指提出好的政治建议的能力,在城邦治理方面善于出主意。[译按]西文译本通常译作 prudence,施特劳斯建议译作 well-advisedness。

2　[施疏]普罗塔戈拉没有说从他那里学习以最佳方式治国,但是如果善谋是用于治国的智慧,那么,所谓以最佳方式管理自己的家指的其实不是齐家,而是一种治国。换言之,普罗塔戈拉说的不是齐家与治国的差别,而是两种治国方式的差别:以齐家方式治国还是以别的方式治国。以齐家方式治国即一人当家做主(所谓父权制),延伸到国家就是君主制,相应的治国术就是王政术。民主政治取消了王权,也就取消了一家之主的治国方式,治国术就变成了"最有能耐地办事和说话",这叫做"治邦术"。

苏格拉底对民主政治的困惑

"那么,"我于是说,"我跟得上你的理路吗?你对我说的似乎是治邦术,而且许诺造就[a5]好城邦民?"1

"没错,苏格拉底,"他说,"我承诺的正是这个承诺。"

"要是你的确做成了的话,"我说,"你做成的这工艺品漂亮呃。当然,对你啊,我可没的说,除了说出我的真实想法。2 [a10]毕竟,普罗塔戈拉,我一直以为这[治邦

---

1 在公元前5世纪的雅典,培养治邦者与培养好公民没有很明显的区别,因为当时是民主制,每个成年男性公民都直接参加公民大会,通过投票直接参与政治事务。 [施疏]如果通常把《普罗塔戈拉》视为柏拉图早期对话的看法是真的,那么,这里也许就是"治邦术"这个术语在柏拉图那里第一次出现的地方。 苏格拉底仅仅提到治国,没有提齐家。如果普罗塔戈拉把齐家与治国并举的说法暗含王政术,那么,在雅典民主政体的处境中,这当然就是政治不正确。 从而,苏格拉底的如此说法也许是在帮普罗塔戈拉避开危险,同时提醒他说话要小心。

2 [施疏]苏格拉底真的对普罗塔戈拉很坦率吗? 苏

术]没法教。[319b]可对你这话,我兴许又不得不相信。不过,在哪一点上我觉得这[治邦术]不可教,不可由人们提供给人们,我还是说出来才对。毕竟,我,还有其他希腊人会说,雅典人是有智慧的人。[1]

[b5]"我看啊,每当我们聚在一起开大会,倘若城邦必须解决的涉及城建,就招集建筑师们来商议建造方面的事情;倘若必须解决的涉及造船,就招集船匠;其他所

格拉底在这里并没有说出自己与希珀克拉底单独谈时对智术师们的看法,但他说给那群无名的朋友们听了。苏格拉底的"坦率"也可以理解为:不说自己并不想说的,而非说自己想说的。

1 [施疏]苏格拉底说雅典人有"智慧",而非说有"治邦术"。这意味着,雅典人并不把治邦术看作一种技艺,从而是不可传授的,政治智慧这东西源于雅典人这个政治共同体。这种说法实际上区分了政治智慧与治邦术。事实上,如此区分在今天仍然有效。普罗塔戈拉提出的治邦术可以说就是如今的政治学专业的滥觞,他要培养的是政治学专家。苏格拉底的区分意味着,这类专家即便非常熟知政治事务,也不等于他们有政治智慧。

有事情也这样,这些事情[319c]被认为是可习得和可教的。要是有谁也要插进来给雅典人出主意,而他们却并不认为他是个有专长的能匠,那么,就算这人仪表堂堂、腰缠万贯、门第很高,雅典人也不会接受,¹反倒会讥笑、[c5]起哄,这插嘴的家伙不是被轰、灰溜溜走人,就是大会纠察奉城邦民大会主席团之命把他拽走或撵出去。²涉及被认为属于技艺的事情时,他们就这样子解决。

"不过,一旦必须考虑的事情涉及[319d]城邦治理,

---

1 [施疏]门第是贵族政体传统,财富与此相关。这意味着,政治智慧需要靠某些条件来供养——其实,即便在民主政体中,财富也是重要的议政资格要素,哪怕并非法律上规定的要素。

2 [施疏]阿里斯托芬的《阿卡奈人》一开场就是一个神神颠颠的家伙自称"不死的神",要求在公民大会上发言,会议主持人马上喊"纠察"来拖人(行54)。这种情形并非如苏格拉底所说,发生在讨论与城邦政治不相干的日常事务的时候,而恰恰是发生在谈论政治事务的时候。鉴于听苏格拉底这样讲的人是雅典人,他们清楚开公民大会的情形,因此,苏格拉底这样说就显得是在搞笑或者别有用意。

那么，一个木匠也会站起来就这类事情为雅典人建言。同样，铁匠、鞋匠、商贾、水手，富人也好穷人也罢，出身贵贱统统不论，任谁都一样，[1]没任何人会因此像[d5]先前那种情形那样[出来]呵斥：谁谁谁压根儿就没从什么地方学过，从未拜过师，居然就来出主意。显然，雅典人并不认为这[治邦术]是可教的。[2]

1　[施疏]这表明雅典民主政体以平等的政治权利为基础，不存在政治权威。由于这里的基本戏剧场景是在对雅典朋友讲述，可以设想，苏格拉底不可能直接说雅典民主政体不好的话。

2　[施疏]雅典没有所谓的政治家，是因为每个雅典公民都以为自己是政治家。一个不懂行的人没法判断某个行当的事情，雅典人在政治问题上不要求懂行，意味着在雅典人看来，政治不是一个行当，而是所有城邦人的事务，因此雅典人不需要政治方面的专家——这样的观点就是民主政治的观点。政治固然不是一个行当，而是关涉共同体所有人的生活的事务，但问题在于，在政治方面，是否每个公民都堪称天生就有政治智慧，以至于谁都可以对政治问题发言，甚至作出决断。苏格拉底以公民大会为例来证明雅典人有智慧，其实是反讽，

"不仅涉及这城邦的[319e]共同事务时是这样,在常人事务上也如此:即便我们最智慧、最优秀的城邦民,也没法把自己具有的德性传授给其他人。比方说伯利克勒斯吧——这两位年轻人的父亲,[1] 他教育儿子们时,就从老师那里学到的东西而言,他既[教得]好又得法,[320a]但就他本人是个智慧人而言,他却既没有亲自教育他们,也没把他们交托给谁[去受教],而是放他们随意到处找草儿吃,除非他们会自个儿磕磕绊绊地在哪儿撞上德性。

"然而,要是你愿意的话,就说克莱尼阿斯吧——这儿这位阿尔喀比亚德的弟弟,[a5]他的监护人同样是这伯利克勒斯。由于生怕克莱尼阿斯会被阿尔喀比亚德带

因为,雅典人的民主政治预设的前提是,每个雅典人都有政治智慧,实际上并非如此——这里的场景已经充分说明了这一点:那么多的青年男子和有抱负的青年在向智术师们追求智慧。

1　伯利克勒斯的两个儿子帕拉罗斯(Paralos)和克桑提珀斯(Xanthippos)当时都在场——两人后来前后相差八天死于公元前429年的瘟疫,当时伯罗奔半岛战争刚刚爆发。

坏,伯利克勒斯把克莱尼阿斯从阿尔喀比亚德那里拽开,放到阿里弗隆家,[1] 在那里教育他。可是,还不到半年,[320b]伯利克勒斯就把克莱尼阿斯送回给阿尔喀比亚德,因为他对克莱尼阿斯毫无办法。[2]

"我还可以给你讲一堆别的人,虽然他们本人都好,却绝对没法把任何人造就得更好,不管亲戚还是外人。所以,我呢,普罗塔戈拉啊,见到这些,才不认为[b5]德性可教。不过,听你说过这番话,我动摇了,而且以为你

1　阿里弗隆是伯利克勒斯的兄弟。阿尔喀比亚德的父亲死于公元前446年的Coronee战争,当时阿尔喀比亚德只有四岁。他和弟弟克莱尼阿斯一起被托付给近亲伯利克勒斯。

2　[施疏]按苏格拉底的说法,伯利克勒斯作为父亲不像个父亲,不关心自己儿子的品德教育。换言之,伯利克勒斯在齐家方面没有表现出政治上的"卓越"。由此也许可以理解,为何苏格拉底说到他时没有用到"治邦"一词。苏格拉底为什么要以伯利克勒斯为例?因为普罗塔戈拉是伯利克勒斯的熟人。因此,这里暗示普罗塔戈拉的观点与雅典民主政治有某种内在关联。

说出了点儿什么,因为我想到你见多识广,自己还富有创见。所以,要是你能给我们更为清楚地揭示[320c]这[治邦的]德性可教,就别吝啬,揭示一下吧。"[1]

"不会的,苏格拉底,"他说,"我不会吝啬。不过,我是该像老人给年轻人讲故事那样来给你们揭示呢,还是一步步论述?"

[c5]坐在旁边的众人于是回答他说,他不妨按自己愿意的那样来揭示。"那么,"他说,"我觉得给你们讲故

1　[施疏]整篇对话的实质性论题从这里开始——苏格拉底的说法明显针对普罗塔戈拉的得意提出挑战,从而为随后普罗塔戈拉要讲的神话预设了题目,聪明的普罗塔戈拉也明白苏格拉底的挑战所在,力图作出回击。 为了对把握普罗塔戈拉会朝何种方向作出回答有所准备,我们不妨区分三种可能的情形:第一,政治智慧可遇而不可求,靠技艺无法企及,因此没有这方面的专家,因为政治智慧没法教。 第二,政治智慧可求得,但需要特别培育,因此政治智慧可教,从而有政治方面的专家,他们掌握政治智慧。 第三,政治智慧是人与生俱来的,因此不需要专家,人人天生有资质掌握这样的智慧,成为政治家(治邦者)——民主政体的参政原则就基于这样的假设。

事更优雅。"[1]

普罗塔戈拉讲故事解惑

"从前那个时候,诸神已经有了,会死的族类[320d]还没有。后来,会死的族类诞生的命定时刻到了,神们就揉和土和火以及由火和土混合起来的一切,[2] 在大地怀里打造出他们。[3]

1　[施疏]普罗塔戈拉选择讲故事,首先为的是在场的年轻人。 更重要的是,选择讲故事等于选择隐藏自己或者保护自己的方式。 这表明,普罗塔戈拉从与苏格拉底的谈话中已经学到了一点儿东西。

2　参见赫西俄德,《劳作与时日》61a - b:"他让著名的赫斐斯托斯尽快揉起/土和水,并加入人的声音和力量。"

3　[施疏]在柏拉图作品中,有四篇作品说到过在大地底下打造有生命的存在:《治邦者》(272a);《蒂迈欧》(42d及以下);《会饮》中的说法,虽然简单,同样非常耐人寻味,"生殖不是靠交媾,而是像蝉一样把卵下到土里"(191c);最后是《王制》卷三结尾(414d - e),苏格拉底说,人的生存及其生活所需的"武器和其他器具",都是在大地内部被铸

"到了神们想到该把会死的族类引向光亮的时候,神们便吩咐普罗米修斯和[d5]厄庇米修斯1替每个[会死的族类]配备和分配相适的能力。厄庇米修斯恳求普罗米修斯让他来分配,'我来分配,'他说,'你只管监督吧。'这样说服普罗米修斯后,他就分配。2

"分配时,厄庇米修斯给有些[族类]配上强健但没敏捷,[320e]给柔弱的则配上敏捷;他武装一些[族类],却赋予另一些[族类]没有武装的天性,不过也替它们设计出一些别的能力来保存自己。比如,对用弱小来穿戴的那些,他就[给它们]配上翅膀可逃,或寓居地下;对增大[躯体]块头的那些,就[让它们]用这块头[321a]来保

造出来的,语境同样涉及雅典政体的起源。

1　厄庇米修斯和普罗米修斯是一对相反的兄弟:前者笨拙、心不在焉(事后聪明);后者机灵、有远见(事先思考)。

2　[施疏]普罗米修斯居然同意了,这不仅表明他的确不是完全聪明,而且自己在天性上还有弱点,这就是心软,经不起弟弟恳求,明知弟弟比自己聪明不到哪里去,也让他单独干。

护[自己];其余的也都如此均衡地分配。厄庇米修斯设计这些[能力]时善谋,以免某一类灭掉。[1]

"为会死的族类提供了避免互相毁灭的法子后,厄庇米修斯又设计出抵御来自宙斯的季节变化的法子——[给它们]裹上密密的[a5]毛和厚厚的皮,既足以御冬,又能耐夏热,要睡觉时还可当作自己家里的床被,而且毛和皮都是自动长起来。[321b]厄庇米修斯给有的[族类]套上蹄子,给另一些则裹上坚韧的不会出血的皮。然后,厄庇米修斯给不同的[族类]提供不同的食物——有些给地上的青草,另一些给树上的果实,还有一些则给根茎,有些甚至让它们以别的动物为食物。[b5]他让有些生育得少,让死得快的生育多,以便它们保种。

"可是,由于厄庇米修斯不是太那么智慧,他没留意

---

1 [施疏]厄庇米修斯预见到动物会"相互毁灭",反过来看,他为"会死的族类"建立生活秩序或者说立法的原则基于让它们保命。 换言之,在赋予所有动物类似政治的本性时,厄庇米修斯首先考虑的是后来霍布斯的政治哲学的著名出发点:人与人像狼,会相互毁灭。 厄庇米修斯这样做的时候,把人也考虑在内,并没有区分动物与人。

到,[321c]自己已经把各种能力全用在了这些没理性的[族类]身上。[1] 世人这个族类还留在那儿等厄庇米修斯来安置,而他却对需要做的事情束手无策。[2]

"正当厄庇米修斯束手无策时,普罗米修斯朝他走来,检查分配情况,他看到,其他生命已全都和谐地具备了[c5]这些[能力],世人却赤条条没鞋、没被褥,连武器也没有。[3] 轮到世人这个族类必须从地下出来进入光亮

1　[施疏]普罗塔戈拉暗示,人所需要的"理性"能力不仅诸神没有,厄庇米修斯也没有。 人与其他动物的重大分别在于有无理性。 这时人类还没有这种"能力","不仅没鞋穿、没被褥,连武器也没有",似乎"理性"才是人的"武器"。 直到现在,我们都还没有看到人类具有逻各斯。 这意味着,在普罗塔戈拉看来,逻各斯的出现有一个过程,一个进步的过程。

2　[施疏]在这一阶段,自然仍然是人的母亲,尽管显得像是继母。 按我们今天的科学常识,动物界与原初自然的关系比人更近。 按普罗塔戈拉的讲法,动物显得比人类更早获得第二本性。 为什么这样讲? 因为在他讲的神话背后隐藏着技术进步这一推动力,他想要显明技艺的力量。

3　[施疏]在《会饮》中,苏格拉底借老师第俄提玛之

的命定时刻,已经迫在眉睫。

"由于对替世人找到救护办法束手无策,普罗米修斯就[321d]从赫斐斯托斯和雅典娜那里偷来带火的含技艺的智慧送给人做礼物。[1] 毕竟,没有火的话,即便拥有

口表达过对人的自然性的看法,这就是对"爱若斯"喜欢打赤脚、睡觉不盖被褥的著名描述(203c – d)。这意味着,"赤条条的,不仅没鞋穿、没被褥,连武器也没有"的爱欲才是人的自然本性。苏格拉底与其他古希腊哲人在人性观上的差别,不在于人的自然性还是城邦性,而在于人的自然性的根基是理性还是爱欲。就最为宽泛的含义而言,爱欲是对自身的完满的欲求,人类的种种技艺和文明的发明说到底来自爱欲这一人的自然本性,而非如普罗塔戈拉所讲述的那样来自"理性"。苏格拉底通过转述老师的教诲所表达的对人的自然性的看法,与这里普罗塔戈拉的说法对照,可以说两者的政治哲学的差异在于:以爱欲还是以理智为人的自然性。

1　赫斐斯托斯与雅典娜是诸神中的一对兄妹,分别掌握火的技艺和纺织技艺。 [施疏]厄庇米修斯"不是太那么智慧",普罗米修斯也"不是太那么智慧",除非说敢行窃堪称"智慧"或有"能力"。 普罗米修斯与厄庇米修斯唯一的差

[这智慧],世人也没办法让这到手的东西成为可用的。1 就这样,人有了活命的智慧。可是,世人还没有 [d5] 治邦术,这个 [智慧] 在宙斯身边。普罗米修斯没法进到卫

别在于,他能够和敢于去别的神那里"偷窃"。如果比较一下普罗塔戈拉讲的神话与其他柏拉图笔下的神话,可以发现,普罗塔戈拉没有声称自己依据任何传统,这意味着这个神话 [故事] 是他自己的聪明才智的发明创造——唯有在 322a 处用了"据说",而这个地方并非关键之处,毋宁说,这里唯一的"据说"反倒凸显出整个神话都不是"据说"。智术师普罗狄科讲赫拉克勒斯在十字路口的选择这一著名故事时,也没有诉诸传统(见色诺芬,《回忆苏格拉底》2.1)。智术师们讲故事与苏格拉底讲神话 [故事] 的区别之一在于是否假托传统。普罗塔戈拉在这里不动声色地用了传统的关于普罗米修斯的故事,却不认为自己讲的这个故事需要传统的支撑。他感觉自己战胜了古代,战胜了传统,而且自信地觉得,他能够迷倒所有人。

1 关于普罗米修斯盗火的说法,普罗塔戈拉与赫西俄德(《神谱》522-616;《劳作与时日》50 以下)和埃斯库罗斯的说法(《被缚的普罗米修斯》109)都不同,甚至与柏拉图《治邦者》(274c)中异乡人的说法也不同。

城——宙斯的居所,何况,那些宙斯的守卫可畏着呢。

"不过,他偷偷进到雅典娜和赫斐斯托斯的共同居所——[321e]他们在那里热心搞技艺——偷走赫斐斯托斯的用火技艺和雅典娜的另一种技艺,然后送给世人。[1]由此,世人才有了活[322a]命的好法子。可后来呢,据说普罗米修斯却由于厄庇米修斯而被控偷窃受到惩罚。

"于是,这个世人分有了属神的命分。首先,由于与这个神沾亲带故,唯有这个世人信奉神们,[2][a5]着手建

1　[施疏]两次说到赫斐斯托斯和雅典娜掌握的技艺时,都提到"火",或者说两次都明确提到赫斐斯托斯的技艺,雅典娜的技艺究竟是什么却始终语焉不详。看来,雅典娜的技艺应该比铁匠技艺要复杂些,等级要高些。雅典娜掌握的技艺是纺织术,亦即女人的技艺,但雅典娜也是战争女神——在柏拉图的《治邦者》中,政治术被比作纺织术,而战争术显然是最高的政治术。普罗塔戈拉对雅典娜掌握的技艺含糊其词,意味着普罗米修斯还搞不懂这门技艺。

2　[施疏]在这里,"神"这个语词出现了三次。第一次是加冠词的单数,随后的"唯有这世人"用的也是单数,同样加了冠词。这意味着分有神性命分的不是人类,而是某个

祭坛和替神们塑像;第二,凭靠这门技艺,这个世人很快就发出语音甚至叫出名称,还发明了居所、衣物、鞋子、床被,以及出自大地的食物。1

———————

世人,神性的命分指的也不是赫斐斯托斯和雅典娜代表的奥林匹亚诸神的命分,而是某个神的命分。 由于人类还没有获得宙斯拥有的命分,这个单数的"神"同样不可能指宙斯。 显然,普罗塔戈拉把一位特别的"神"与奥林匹亚神族区别开来——随后出现的两次"神"这个语词,都是复数形式,而且没有冠词,显然指奥林匹亚神族。 因此,普罗塔戈拉表面上说,人拥有的技艺是普罗米修斯"偷来"的,实际上说,这技艺是从某个单数的神那儿得来的。 这个单数的无名神的确让听的人费脑筋——我们可以猜,它很可能暗指理智本身。 普罗塔戈拉很可能觉得,自己在这里开了一个漂亮的玩笑:借说普罗米修斯的"偷窃",自己却偷偷在神话中引入了一个确定的神,以至于我们得说,在这里真正的小偷是普罗塔戈拉——马基雅维利的命题更为简洁:人为了生活,被迫要行窃。 事实上,那个单数的"神"没准儿就是普罗塔戈拉自己,因为,的确是他在编造的神话故事中把理智偷偷带了进来。

    1   [施疏]动物得到的生存装备与自己的能力没有本质

"如此得到配备以后,起初[322b]世人分散居住,没有城邦。[1] 于是,世人就被野兽给灭了,因为,世人在所有方面都比野兽孱弱。对于世人填饱肚子,艺匠技艺倒是足够,但要与动物斗,[这技艺]就贫乏喽[b5]——毕竟,世人还没有治邦的技艺嘛,战争术就是其中一部分。[2]

上的内在联系。 但在人这里,当理智这个神出现以后,人实现了自己的潜能,于是,人的生存所需要的装备都是"这人"的"发明"。 因此,普罗塔戈拉在这里没有再提到神们。 整个这段话有如一个全新开端:智术师重新开始打造人在地上的生活。

[1] [施疏]按此说法,"创建城邦"不是人类生活一开始就有的,或者说人天生不是政治性的——近代的霍布斯、卢梭跟随的是普罗塔戈拉的主张。 如果从纯粹哲学的观点出发,就应该同意普罗塔戈拉——在《王制》卷二,苏格拉底与格劳孔讨论政体的起源时从自然需要开始(369b以下)。 人并非天生是政治性的,人的政治性归因于一种约定,这种观点一般被说成是典型智术师的看法。 在这里,普罗塔戈拉以讲神话的方式把哲人的真实看法讲了出来。

[2] [施疏]前面说普罗米修斯给人类偷来技术,这里则

"于是,世人寻求聚居,靠建立城邦来保存自己。1

强调,这些技术不包括政治术——人从自然那里得不到政治术,从普罗米修斯那里也得不到,只能创制,而创制的东西显然是可教的。 从而,政治术的出现表明进步的进程进入了一个全新阶段。

1 [施疏]建立城邦的目的是为了"保存自己",这是一种非常强有力的意愿性动机,如此动机与聚居的基本社会性不同。 无论柏拉图笔下的苏格拉底还是亚里士多德,都从聚居的基本社会性开始探讨城邦的起源。 所谓基本的社会性是指,社会性是人与生俱来的东西,属于人的生活本身的天然性质,与生活得好或劣是两回事——生活得好或劣,才指涉人生活的动机,因为这涉及的是人生活的主观愿望,可以有选择。 "保存自己"属于这样的动机,而且是最低的动机,因为人活着不仅仅是为了活着。 社会性则是人的生活无从选择的前提,或者说,人在任何条件下都是社会生物,即便人生活在散居中或生活在孤寂之中。 按普罗塔戈拉在这里的说法,人是先有动机(保命),后有聚居,从而,社会性(或者说人的政治性的源头)的出现是有条件的,是受到强暴动物威胁的结果。 言下之意,如果没有这样的威胁,人就不会过上聚居生可是，一旦聚居在一起，他们又相互行不义，因为没有治邦的技艺嘛，结果他们又散掉，逐渐灭了。由于担心[322c]我们这个族类会整个儿灭掉，宙斯吩咐赫耳墨斯把羞耻以及正义带给世人，以便既会有城邦秩序又会有结盟的友爱纽带。

"于是，赫耳墨斯问宙斯，他应当以怎样的方式把正义和羞耻带给世[c5]人：'我是否该像分配技艺那样来分配这些，也就是这样来分配，即一个人拥有医术对于多数常人已经足够，其他手艺人也如此。我是不是该这样子让[322d]世人具备正义和羞耻，抑或应当分给所有人？''得分给所有人，'宙斯说，'让所有人都分有；毕竟，倘若极少数人才分有，就像其他技艺那样，恐怕就不会有城邦。而且，得依我的命令立下一条法律：把凡没能力[d5]分有羞耻和正义的人当作城邦的祸害杀掉。'[1]

活——这就与柏拉图的苏格拉底和亚里士多德的出发点不同了

[1] [施疏] 这里出现了整个神话叙述中的唯一一段对话，神话叙述在这样的文体中走向结束。普罗塔戈拉口中的宙斯实际上给出了两个命令：让所有人分有羞耻和正义这两种

"就这样,苏格拉底,由于这些,其他人也好,雅典人也

———

政治德性,同时又要求建立严厉的惩戒性法律。严格来讲,这两个命令相互矛盾。事实上,"羞耻和正义"很难真正成为城邦秩序必不可少的条件。一个坏人也可以有羞耻感和正义感,再说,难道一个有羞耻感和正义感的人干了坏事就不当受到惩罚吗?宙斯的这一立法依据的是一种必要性:如果不订立这样的酷法,就不会有政治德性,或者说就不会有城邦民,城邦就没法建立,人就没法自保。[译按]掌握政治术奥秘的宙斯清楚地知道,政治秩序的建立不可能仅仅诉诸对个人德性的要求,必须配以严酷的压制性刑罚,才能维持政治共同体最低限度的德性水准。换言之,能够要求的仅是每个公民具有简朴的、最低限度的德性。在任何一个政治共同体中,德性典范都是少数。亚里士多德在《尼各马可伦理学》卷十最后一节中说:多数人只会服从法律,而非服从自己心中的逻各斯[理性],能够起教育作用的更多是惩罚,而非"高贵/美的东西"(to kalon)。因此,立法者必须鼓励趋向德性、追求高贵的那些人,惩罚、管束那些不服从者和没有受到良好教育的人,并完全驱逐那些不可救药的人(1180a5 - 10)。亚里士多德在这里区分了三种人,仅有第一种人会有政治德性,后两种

罢,如果有某个涉及木匠手艺的德性或其他什么艺匠德性的道理,那么,他们会认为,[唯有]少数人应该建言,倘若[322e]有谁不属于这些少数人却要建言,如你所说,他们就不会容许——如我说,看起来就是如此。不过,倘若他们要凭靠治邦[323a]者的德性聚到一起商讨,而这整个儿必须得自正义和节制,他们看似就容许所有男子[建

人没有。对第三种人,亚里士多德的所谓"驱逐",与这里普罗塔戈拉口中的宙斯的立法实质上相同。亚里士多德在《政治学》开头又重新提到,有的人不能生活在城邦,这无异于说驱逐或杀掉。这样看来,主张对有的人采取强制性惩罚,是连接《伦理学》和《政治学》的关键。如今的自由主义者鼓吹的"公民不服从"主张如果对的话,前提就得是:所有公民都有能力具备政治德性——但古典大哲告诉我们,这是不可能的。事实上,即便在如今据说最好的国家美国,仍然没有废除刑罚(甚至比我国更严厉);在据说有相当好的公民道德操守的新加坡,刑罚用得非常好(打板子)。在这些地方,城邦并没有树立某种德性典范人物号召全国人民去学习。与此相反,我们树立了好多德性典范,却没有严厉的惩戒性法律,结果如何众所周知。

言〕。因为，这适合所有男子分有这种德性，不然就不会有城邦。苏格拉底啊，这就是之所以如此的原因。"1

民主政治的真相

［a5］"不过，为了你不至于以为自己认为在这件事情上被蒙骗——也就是，所有人实实在在都认为，所有男

1　［施疏］普罗塔戈拉起初明确说，他要讲的是一个神话［故事］，但我们不可忘记，实际上并非普罗塔戈拉直接在说，而是苏格拉底在转述。通过这个虚拟的故事，柏拉图让我们看到袒露出来的普罗塔戈拉的灵魂：这个灵魂对技艺入迷，他的爱欲指向才智本身，而且大胆勇为。普罗塔戈拉讲的这个神话［故事］涉及的是人类共同体的生活方式（政治生活），神话涉及的是人类很难拥有知识的事情——人类共同体的生活方式恰恰不属于这类事情，我们的祖先已经拥有了这方面的知识，并通过独特的形式传给了我们，这就是古老的神话［故事］。普罗塔戈拉重新讲人的政治生活诞生的神话［故事］，意在重新给人的政治生活方式下定义，从而具有启蒙性质。所谓启蒙，在这位智术师那里，其含义就是：让人懂得自己可以变得像诸神那样有能耐。

一 普罗塔戈拉如何论民主德性

子都分有正义或其他涉及治邦者的德性——你不妨考虑一下如下论证。[1] 毕竟,就其他德性而言,如你所说,要是有人说自己是个好簧管手,或在某些其他技艺方面好,而实际上他并不是,人们就会讥笑[323b]他或严厉谴责他,乡亲们也会出面训斥他疯癫。但涉及正义或其他涉及治邦者的德性时,倘若他们明知他不义,而这人自己在众人面前说出自己的真实,那么,说真话在别处会被认为是节制,在这儿就会被认为是疯癫。[2] 而且,据说,所有

1　[施疏] 普罗塔戈拉无异于承认自己讲的神话并不成功,因此才需要换一种说法。 普罗塔戈拉随即发表了一通演说式的长篇大论,如此长度的说辞在柏拉图作品中并不多见。

2　[施疏] 普罗塔戈拉将"节制"与"疯的"对举,显得极富双重修辞技巧。 因为,节制的对立面应该是不节制,而非"疯的",同样,"疯的"对立面是神志清楚,而非节制。比如,一个人明知自己酒量有限却喝得很多,就是不节制,这不等于他是"疯的";一个人取得一点儿成就就尾巴翘到天上,也是不节制,却不等于是疯的。 按亚里士多德《尼各马可伦理学》的定义,"疯的"指一个人不知道自己是什么或在做什么(1111a7),与神志清楚相对(1112a 20),过度的行为也可

人无论自己正义抑或不义,都必须宣称自己正义,或者说,谁不让自己显得正义就是[脑筋]疯癫。仿佛这是必然的:[323c]我们中间没谁在这[正义]方面没份儿,否则就不算世人中的一员。1

以称为"疯的"(1115b25),疯的至多与缺乏自制表面上看起来相似(1147a13 – 20)。但是,亚里士多德也把"疯子"定义为不属于政治共同体的成员(1149b35)。从这一意义上讲,普罗塔戈拉用"疯的"这个语词,就恰当地表达出雅典民主政体的约定,从而,他的说法不能视为在攻击雅典民主。

  1 [施疏]这等于说,宙斯送的礼物是人人会谎称自己正义,宙斯送来的政治德性仅仅是虚饰。按前面神话的讲法,宙斯送给所有人的羞耻在这里成了伪善,或者说,伪善就是好的政治德性。这意味着,城邦的正义秩序彻头彻尾是靠约定建立起来的,其中没有一点儿自然确定的东西。在《泰阿泰德》中,苏格拉底对普罗塔戈拉这一看法的表述要明确得多(167a – c,172a – b,177c)。智术师的使命是以言辞改变世风,造成新的城邦风气。因为,好人劣人都不是天生的,而是社会风气所致。良好的城邦风气可以使劣人变好,品高智优的修辞家应该为社稷树立正确的观念,使好东西取代劣东

"我说的正是这些,即由于人人都分有德性[这种看法]的引导,人们理所当然地承认,每个男子都应该对这种德性建言。[c5]我想要向你进一步揭示的一点是,人们并不认为,这[德性]是天生的或自己冒出来的,而是教会的,靠努力培养出来的。毕竟,人们认为,世人都会有许多[323d]天生的或偶然得来的丑,别人有这样的丑,没谁会生气,或训诫或教导或惩罚这些人,使得他们不带着这些丑生活。相反,人们会怜悯他们。比如,有人长得丑,或个儿矮,或弱不禁风,谁会如此没理智到要去对他们做这类事情呢?毕竟,[d5]据我看来,人们知道,这些东西——美及其反面——对世人来说都是天生的和偶然的。不过,人们认为,对世人来说,好品质出自努力或训练或施教,[323e]谁要是没有,却有与此相反的坏品质,针对这些人,人们的生气、惩罚、训斥就来了。[1] 其中

西。 苏格拉底在《泰阿泰德》中转述的说法,很可能就来自这里普罗塔戈拉亲自对苏格拉底的讲法。

 1 [施疏]普罗塔戈拉提到三种人为的养成习惯的方式,"训练"在中间,这显然是最重要的教育方式。 与此相应,在说到人身上天生的品质时,普罗塔戈拉列举了三种情

的一种[坏品质]就是不义和不虔敬,[324a]总而言之,就是那种与治邦者的德性整个儿相反的东西。[1] 在这

―――――――

形,生得矮在中间。 显然,无论怎样训练,人们也无法把一个矮个子训练成高个子。 当普罗塔戈拉这样说的时候,他是在拿正义与自然的美或高贵作对比。 这无异于说,自然的美或高贵品质是训练不出来的。 这意味着,政治德性与美的自然品质不是一回事情。 普罗塔戈拉在前面说,一个人的正义等于谎称自己正义,现在看来并非那么不可思议。

[1] [施疏]这样的说法多少有些奇怪:难道政治德性的反面仅仅是不义和不虔敬? 除此之外再没别的政治德性的反面了吗? 违反政治德性、激起人们的政治义愤的行为,除了不义和不虔敬,不是还有别的吗? 普罗塔戈拉在这里说到政治德性时仅仅提到正义和虔敬,闭口不谈其他政治德性,多少有些蹊跷。 何况,普罗塔戈拉在这里并没有提到诸神,他何以要以虔敬与不虔敬作为政治德性的正反例子? 显然,讲到这里时,普罗塔戈拉用虔敬取代了节制。 这可能意味着,节制的对立面不仅是"疯的",还有不虔敬。 但节制被用作不虔敬的对立面,不是可笑吗? 不过,普罗塔戈拉把节制与虔

里，谁都的确会对所有这号人生气和训斥，显然是因为，这种（治邦者的）德性可以靠努力和学习来获得。

"毕竟，要是你愿意动脑子想想，苏格拉底，惩罚究竟能对那些行为不义的人有什么作用，[a5]那么，这本身就会教你[懂得]：世人的确认为，德性是一种可以制作出来的东西。有脑筋的人没谁惩罚行为不义的人，仅仅因为和由于这人行为不义——谁也[324b]不会像头野兽那样毫无理性地报复。带有理性地施行惩罚，不会[是为了]报复一桩已经犯下的不义行动。毕竟，已经做成的事情不会[因惩罚而]不再是已经发生的事情；惩罚为的

敬等同起来时十分小心。 实际上，除正义和节制之外，现在他给政治德性添加了虔敬，并分别与两个不同的政治德性连用。 其实，虔敬与正义的含义截然有别。 首先，正义的事情源于属人的事物，虔敬的事情源于属神的事物。 第二，正义是人对共同体的义务（比较亚里士多德《政治学》1253a40：由正义衍生的礼法，可凭以裁断人间的是非曲直，正义是建立人世秩序的基础），虔敬则是人对诸神的义务。 第三，虔敬（ὅσιον，saintly）的用法有别于ἱερός（the holy [神圣之物]），这意味着虔敬等于是 profane [俗世之物]。

是将来的事情,以便无论行不义的人自己[b5]还是看到行不义受到惩罚的他人都不会再行不义。有这样一种想法的人当然就会想到,德性是教育出来的东西:无论如何,惩罚是为了劝阻。[1] 因此,所有采取报复——[324c]不管以个人方式还是以民众方式报复——的人都持有这种意见。所有其他[地方的]人都不会报复和惩罚他们认为行不义的人,不仅仅你的雅典城邦民如此。按照这

1　[施疏]普罗塔戈拉的这一说法隐含着一种悖谬:你只要考虑到惩罚,惩罚就会教你成为好人。可是,没谁会主动要求惩罚。惩罚是施予的,而非人们主动要求得到的。人们会渴望受教育,但没谁会渴望被打屁股。把教育完全等于惩戒,便无异于说,靠教育或努力学习和训练并不能保障可以培育出人的正义和其他政治德性(比如虔敬)。普罗塔戈拉强调惩戒,意在区分学技艺的教育与政治德性的教育有根本性的差异。可以设想,跟鞋匠当学徒,难免会挨不少屁股,但挨屁股并没有代替学到鞋匠技艺。鞋匠师傅打完屁股,毕竟还得手把手教学徒怎样制鞋。按普罗塔戈拉在这里的说法,学习无异于单单挨屁股就够了。

一道理,雅典人也属于认为德性是可制作出来和[c5]可教的那类人。因此,你的城邦民看似会采纳铁匠和鞋匠对城邦事务的建言,因为他们认为德性可教、可制作出来——这些证明对于你,苏格拉底,至少在我看来[324d]已经够充分。"[1]

普罗塔戈拉的政治修辞

"还剩下一个困惑,也就是你对好男子感到的困惑:为什么那些好男子要教自己的儿子们[别的]老师所拥有的其他东西,以便[d5]造就他们[在这些事情上]有智慧,而在这[自己的]德性方面,好男子们却没法把[自己的]儿子们造就得更好。关于这,苏格拉底,我将不再给

---

1 [施疏]如果培育人的政治德性最终得靠惩戒,普罗塔戈拉何以能宣称自己是传授德性的教师? 一个老师若宣称他教的就是惩戒,或者说,跟这位老师学到的仅仅是受到惩戒(挨屁股),学生岂不都会跑掉,谁会自找苦吃? 普罗塔戈拉在前面不是已经暗示过,希琵阿斯用数学把学生们搞得很惨吗?

你讲故事,而是讲论述。[1] 请这样动脑子想想:倘若会有

---

[1] [施疏]普罗塔戈拉特别说明不再讲[神话]故事,无异于暗示刚刚讲过的一段实际上是神话。 尽管他说过是论证,但故事也可以用来论证。 由此可以看到,柏拉图笔下的神话,未必一定是讲故事。 他的意思是:我现在才开始正儿八经来对付你提出的问题,先前说的都是对付孩子们的神话说法。 我们必须紧紧抓住柏拉图所设计的戏剧性场景:苏格拉底在向普罗塔戈拉表达自己的困惑时,以雅典民主为例,既给普罗塔戈拉出了难题,又是在警告他自己现在就在雅典。 普罗塔戈拉的戏剧处境因此是:既要回答苏格拉底以雅典民主为例出的难题,又不能打开窗户说亮话。 在受到苏格拉底的警告后,普罗塔戈拉不敢明说雅典民主要不得,只好用讲故事的方式来表达。 普罗塔戈拉心里清楚,他必须蒙骗潜在的众人,给他们讲故事听,但他不能用讲故事来蒙骗在场的智识人,那样的话,他在这些智识人面前就实在太过丢份。 因此,普罗塔戈拉不得不提供两种不同的教诲:仅仅说给潜在的聪明人听的和仅仅说给鞋匠一类人听的。 随后普罗塔戈拉开始了自己的长篇大论的中间段落——中间段落往往是非常有趣的段落。

一 普罗塔戈拉如何论民主德性

城邦存在的话,会不会有一种东西是所有[324e]城邦民必然分有的呢?正是在这一点上,你感到困惑的这个困惑本身会得到解决,绝不会是其他什么。另一方面,倘若有这样一种东西,而且这一东西并非木匠手艺、铁匠手艺或陶匠手艺,[325a]而是正义、节制和虔敬,我概括为一个东西本身,即一个男子的德性——如果有这东西,它必然便是所有人必须分有的东西。

"有了这,每个男子想要学习或做什么事情才做得成,否则[a5]就做不成;或者,[如果有这东西]就必然得训导和惩罚没有这[德性]的人,无论小孩、男子抑或女人,直到通过惩罚使他变得更好。谁要是不听从惩罚和训导,就得被视为不可救药者[325b]撵出城邦或者处死——如果情形就是如此,如果情形是如此自然而然,那么,请思考一下,那些好男子如果教自己的儿子们时别的什么都教,1 就不教这个[德

---

1 [施疏]与前面说"孩子们"不同,普罗塔戈拉在这里用的是"儿子们",显然特别强调不要混淆。 色诺芬在《回忆苏格拉底》的某个地方说过,好家长应该送自己的儿子去上学,并照看好自己的女儿。 这表明女孩子不上学,因为不进入政治事务。

性],他们何以会成为好人,岂不怪哉。

"人们认为,这东西本身可教,[b5]在个人和民众方面都如此,对此我们已经作了揭示。那么,既然这是可教、可培育出来的,难道他们会只教自己的儿子们别的东西——即便不知悉这些东西也不至于惹上死刑,却不教这些东西?如果自己的孩子们不学习、[325c]不培育德性,就会惹上死刑和放逐,除了死刑还有家产充公,总而言之,整个家都会毁掉——他们肯定会用全副心思关切这事。必须这样认为,苏格拉底!1

---

1 [施疏]普罗塔戈拉始终打算回应苏格拉底对他自称以传授政治术为业提出的质疑,却屡屡话到嘴边又闭口不谈早先许诺自己要教的政治德性。普罗塔戈拉不在一开始就提出三重德性,反倒一会儿是正义与节制对举,一会儿是正义与虔敬对举,我们可以推测,那是因为他在装样子、放诱饵,所以,没有出现完整的德性提法。在这里,他提出了完整的德性提法,却又故意用常人的德性来混淆视听,说女人和孩子也可以有这些德性——但对希珀克拉底这样的听者来说,就是放出了诱饵。不过,普罗塔戈拉被迫在实际讲法中把特殊的政治德性与普通的德性混为一谈,就会使得他宣称要传授的技艺

[c5]"从孩子很小的时候开始,只要[父母]健在,他们就会教和训诫自己的孩子。一旦[孩子]会更快地懂得话语,保姆、母亲、家丁[325d]甚至父亲本人都会为此奋斗,[1]即孩子怎样才会变得更好,会在一言一行上教他和展示给他,这个对、那个不对,这个美、那个丑,这样虔敬、那样不虔敬,[d5]做这些、不要做那些。要是愿意听话嘛……,[2]要是不听,他们就要像整治一根弯弯扭扭不直展的[幼]树桩那样,用威吓和抽打把他整直。[3]

被用错地方——高尔吉亚曾经说,他教的技艺可能会被误用,但高尔吉亚说,那不是他自己的错。 与此不同,普罗塔戈拉根本没有提到,他传授的技艺有被误用的可能。 我们需要想起,在第二场景中,苏格拉底曾警告希珀克拉底,要小心灵魂的食物。

1　家丁是贵族家庭陪伴小主人出行的奴隶,并在必要的时候纠正小主人的言行。

2　这里省略了"听话"的可能,以便突显随后"不听话"的严重性质。 这种刻意省略是一种修辞,称为"缄口不言",古代修辞学校经常用到。

3　[施疏]普罗塔戈拉若是在解答苏格拉底的困惑,即

"经过这些之后,他们送[孩子]去学堂,叮嘱老师们要多多致力于孩子们的[325e]行为端正,而非仅是语文和音乐课。老师们要努力的就是这些事情;一旦孩子们学了识字,想要明白成文的东西一如以前理解口头言辞,老师们就要给坐在自己面前的板凳上的孩子们[e5]摆出好诗人们的诗作要他们诵读,强迫他们[326a]背诵。这些作品中有许多警言,还有不少古代好男子的外传、颂赋和赞歌,使得这孩子受到激发要摹仿[他们],渴望成为这样的人。音乐老师则涉及其他诸如此类的东西,致力于[孩子们的]节制,[a5]以免青少年有失体统。

"除了这些,当孩子们学会弹基塔拉琴之后,老师们要进一步教他们另一些好诗人——抒情诗人的诗作,给[326b]基塔拉琴作品配上诗作,强迫孩子们的灵魂熟悉节律以及谐音,让他们更温雅,养成善于更富有节律、更

为何像伯利克勒斯这样的人也没法传授德性给自己的儿子,这话便无异于说,伟大的父亲们的儿子们的早期教育掌握在人民手中,而非在父亲们手中。 作为父亲,伟人似乎仅仅需要发话,自己的儿子该受教育了。 但伟人自己不施教,而是由其他人"用威吓和抽打来整治"。

富有谐音的言和行。[b5]毕竟,人的一生都需要富有节律和富有谐音。1

"除此之外,他们还要送[孩子们]去体育老师那里,以便孩子们有更好的身体可以为有益的思想效力,[326c]不会在打仗时或其他行为中因身体糟糕而被迫胆怯。做这些的大多是极有能力的人——极有能力的人[往往]是最富有的人,而且[c5]他们的儿子入学年龄特别早,离开老师又特别迟。他们离开老师时,城邦又会强制他们学习礼法,并在生活上依从礼法一如依从范例,[326d]使得他们不会凭自己的偏好任意行动,而是简单

---

1 [施疏]这里谈的教育内容涉及"言"和"行"两个方面,普罗塔戈拉先说的是"言"的教育,然后再说"行为端正"的教育。可是,正义的举止首先在于行为而非言辞。我们看一个孩子乖还是不乖,首先而且主要得看他的行为,而非听他嘴上怎么说。普罗塔拉首先强调言辞,表明他自己的施教特色或重点其实并不在这里,而在更高的教育阶段。因此,如果想要听到普罗塔戈拉讲自己的施教究竟是什么,或者说看到他回答苏格拉底提出的他在哪个方面可以让年轻人天天向上的根本提问(318d),还得接着往下看。

地就像语文老师用写字笔给不会写字的孩子们刻写下文字笔画,然后把这应该写下的文字给孩子,强制他们按[d5]笔画规范写字。

"同样,城邦把刻写下来的礼法——贤明的古代立法者们的发现——[给孩子们],强制他们按照礼法来统治和被统治。谁要是特立独行,城邦就要惩罚他——对于这种惩罚,在你们这里和[326e]别的许多地方都叫做'纠正',因为,正义就是纠而正之嘛。1 既然在个人和民

1　[施疏] 在肯定"贤明的古代立法者"这一点上,苏格拉底与雅典民主政治似乎碰巧取得了一致。 按《高尔吉亚》中的说法,立法术是政治术的最高部分,它绝对地高于服从法律所要求的德性(普通的政治德性)。 所以,普罗塔戈拉在这里所讲的,无论柏拉图还是他笔下的苏格拉底都不会有异议。然而,这里依然暴露出了普罗塔戈拉的问题:如果第三阶段的教育是普罗塔戈拉的特别教育,那他教的就应该是立法术而非修辞术。 但普罗塔戈拉许诺的是教修辞术,从而,第三阶段的教育又并非普罗塔戈拉的特别教育。 换言之,在描述整个教育过程时,普罗塔戈拉实际上最终没有提到自己的特殊教育,仅仅暗示自己的特殊教育会出现在哪个阶段,即出现在第二和第

众方面对德性的努力如此之多,苏格拉底啊,你对德性是否可教还会感到奇怪,还会困惑么?没必要奇怪啊,要是德性不可教,才[e5]奇怪得很呢。"1

德性有如技艺

"那么,为什么好父亲的许多儿子们会变得低劣呢?来学习一下这一点吧。其实,倘若我刚才说的那些是真实的话,这并没有什么奇怪。就这件事情而言,[327a]亦即就德性而言,如果会有城邦存在,就必定不会有谁[对德性]是外行。倘若情形的确我说过的那样,那么,所

三阶段之间。我们知道,柏拉图最终要教的知识是立法术。苏格拉底与普罗塔戈拉的教育的同和异,已经暗含在这里了。

1 [施疏]普罗塔戈拉的长篇大论的第二部分在此结束,却留下了一个很大的困难。这一部分论说仅仅证明,教育可施行或者说人可教。但麻烦在于,教育可教或可施行并不直接等于德性可教。更明确地说,普罗塔戈拉仍然面临的困难在于:可教的德性并不必然等于普罗塔戈拉自己要教的德性。换言之,普罗塔戈拉还没有真正回答苏格拉底对他的施教专长的质疑。于是,他接下来开始了长篇论述的第三段。

有情形大多也就如此——不妨选取一个别的随便什么[与德性不同的]生活方式和学识来思考一下吧。

"其实,若非我们所有人都是簧管手,[a5]根本就不会有城邦存在——除非无论谁个个都能干这行,每个人都能凭个人和民众教每个人[吹簧管],并责骂吹奏得不好的人,不妒忌任何一个[会这乐器的]人,就像如今没谁在涉及正义和法律的事情方面妒忌[任何人],不会[327b]像[隐藏]别的技艺成品那样隐藏[这种成品]。[1]

"毕竟,我认为,[一个人与另一个人]相互之间的正义和德性对你们有益。[2] 由于这些原因,人人都热切谈论

1　[施疏]普罗塔戈拉以簧管手为例,表明他现在开始把治邦者的德性说成技艺,与前面把技艺说成德性在顺序上相反——德性也是一种技艺,可以与吹簧管术相比。 然而,"若非我们所有人都是吹簧管手,根本就不会有城邦存在"这一假设条件句并不真实,从假定每个人都是吹簧管手推出假定每个人都会指导每个人吹簧管术,是佯谬。 这一矛盾的说法不是逻辑失误,而是在以暗度陈仓的手法谈论某种东西。

2　[施疏]普罗塔戈拉以此说法挑明了自己的独特性,言下之意,他作为一个外邦人到雅典来当德性教师对雅典人有

正义的东西和教合法的东西。所以,如果我们在这方面也热切[b5]且毫无保留地教其他人,就像在吹簧管方面那样,那么,你会以为"——他说——"苏格拉底啊,好簧管手的儿子们会不及蹩脚簧管手的儿子们成为好簧管么?我可不[这样]认为,毋宁说,无论谁的儿子,只要碰巧生来有极好的吹簧管天赋,他[327c]就会成为名手,无论谁的儿子,只要没天赋,就会籍籍无名。何况,好多时候,一个蹩脚簧管手也会出自一个好簧管手,而好多时候,一个好簧管手也出自一个蹩脚簧管手。不过,尽管会有如此情

益。 普罗塔戈拉终于谈到了自己,他进一步推衍自己用到的簧管术例子:如果簧管手"热切且毫无保留地教其他人",那么,簧管高手的儿子们不可能会不及蹩脚簧管手的儿子们。 言下之意,即便在雅典人人都能教政治德性,却未必教得比他好。 前面的说法仅仅是这段论证的开始,普罗塔戈拉还没有亮出自己的真正观点,接下来才是他要说的与自己切身相关的东西。 普罗塔戈拉的说法表明,他现在已经非常讲究辞令,懂得如何在不违背雅典的民主政治原则的前提下表达自己的真实观点。 随后一段说法表明:普罗塔戈拉讲明了在前面讲普罗米修斯神话时未能成功明言的东西。

形,所有这些簧管手毕竟比压根儿不懂吹簧管的外行在行。

"所以,[c5]现在不妨认为,一个在礼法和人世中长大的人,无论在你看来多么不义,他本身还是正义的,甚至在这事情上还是个巧匠。如果[327d]必须拿他与那些既没受过教育也没受过法庭或礼法或任何强制——那种让每个人努力成德的强制——[约束]的人们作比来衡量的话,这些人毋宁说是野蛮人——诗人斐瑞克拉底去年在勒奈阿节上教化的那类人。[1] 要是你[d5]置身在

---

1 斐瑞克拉底是谐剧诗人,其代表作《野蛮人》(*Les Sauvages*)于公元前422年至前421年在勒奈阿节上演(仅存极少残段)。 勒奈阿节是狄俄尼索斯的节日,亦是古希腊人举办戏剧大赛的时候。 斐瑞克拉底因此是阿里斯托芬的竞争对手。 这里提到的年代有误,柏拉图对话里不乏类似谬误(如《会饮》193a1 – 3)。 斐瑞克拉底生平不详,据说他在公元前438年首次在戏剧节获奖,一生写作了21部谐剧。[施疏] 按此推算,《普罗塔戈拉》的戏剧时间当在公元前422年至前421年间,也就是伯利克勒斯死后那年。 但剧中表明伯利克勒斯还在世,可见,柏拉图对戏剧时间是否严格合乎

这样的人,亦即这位诗人的合唱歌队中的那些个厌恨人世的人中间,你若是遇上欧吕巴托斯和弗吕农达斯,兴许会格外欣喜,[1] 然后你兴许会放声恸哭,痛惜这儿这些人[327e]身上的弱点。

"你啊,苏格拉底,现在被宠喽。因为,所有人都按其所能地是德性教师,而你却觉得没谁是。这就好像,如果你研究一下谁是[教]讲希腊话的[328a]教师,就没有一个会显得是。同样,我认为,如果你要找谁来为我们教工匠的儿子们从自己父亲那儿学到的那门手艺,也不会[找到]。他们的父亲以及父亲的[a5]那些有相同技艺的乡友们恰恰有这种能力,他们谁都能教。因此,我当然认为,苏格拉底,要做这些人的老师会不容易,但要做完完全全不懂这[技艺的年轻人]的老师,就会很容易,在德性和所有其他事情上就是如此。

"不过,倘若我们中间有谁在增进德性方面哪怕突出一丁点儿,[328b]就是一件让人高兴的事情。我以为,

历史时间并不在意。

1　欧吕巴托斯和弗吕农达斯是当时出名的坏人,在剧中他们并非歌队成员,而是演员。

我就是这样的人中的一个,[1] 有助于某个人在臻进美和好的品质方面比其他人突出。而且,我做这事收取报酬值[这个数]啊,甚至收取更多,求学者自己都[b5]觉得值。由于这些,我做这样的事情一向以这种方式收取报酬。毕竟,无论谁跟我学,只要他愿意,他付[多少]我就收[多少]钱;要是不愿意,他就[328c]去神庙,发誓说这些[学到的]学识值多少,然后就付多少。[2]

1　[施疏] 普罗塔戈拉终于说到了自己,而且说法显得十分谦虚:自己不过在朝德性进步方面能帮助别人一丁点儿。既然在雅典所有人都能教德性,我一个外邦人来到雅典教德性不过锦上添花而已,这又有什么错哩。 我就教那么一丁点儿可爱的东西,比如要谨防成为阿尔喀比亚德那样的恶棍。 也许我还可以教孤儿们嘛,他们不幸没有父亲教啊。 普罗塔戈拉在前面的确已经提到过孤儿,这就是克莱尼阿斯。 普罗塔戈拉以如此貌似谦虚的说法解释了,为何自己身边会聚集这么多的追慕者。

2　[施疏] 普罗塔戈拉表明,自己付出的比得到的少。言下之意,自己不仅教正义的东西,而且自己也行为正义。亚里士多德在《尼各马可伦理学》中曾说过,为人正义也体现在要求的比自己应该得到的要少。 苏格拉底与希珀克拉底的

一 普罗塔戈拉如何论民主德性

"苏格拉底，"他说，"这就是我给你讲的故事和论证：何以德性可教，雅典人何以这样认为，以及[c5]何以毫不奇怪，既然珀吕克莱托斯的儿子们——[他们的]年龄与这里的帕拉罗斯和克桑提珀斯一般大——一点儿不像他们的爸爸，好父亲的儿子会成为低劣者或者低劣的[父亲的儿子]会成为高贵者；[1] 其他艺匠的儿子们也如

单独谈话就说到智术师教学生收费的事情。 这段长篇讲辞始终是针对苏格拉底和希珀克拉底两人说的，现在普罗塔戈拉显得是在径直告诉希珀克拉底，你拜我这样的人为老师，绝不会吃亏，更不会有什么危险。 普罗塔戈拉还说，谁要是不愿按他的要求付费"就去神庙发个誓"，然后自己看着办。 看来，普罗塔戈拉遇到不咋地的学生时也需要求助于诸神。 可是，不虔敬的学生显然不会把普罗塔戈拉的这一要求当回事，这也就意味着普罗塔戈拉得不到所要求的钱。 因此，普罗塔戈拉实际上说的是，他不会接受不虔敬的学生。 这也表明，普罗塔戈拉不会教不虔敬，否则，他收费就失去了保障。

    1   珀吕克莱托斯是当时著名的雕塑艺匠。 克桑提珀斯是伯利克勒斯的多个儿子中的老大，据普鲁塔克记载（《伯利克勒斯传》36），他娶了一个年轻的挥金如土的女人为妻。

此。当然,对这儿这些[小伙子][328d]下如此断言就不那么恰当啦;他们还有希望,毕竟还年轻嘛。"

[施疏]普罗塔戈拉一开始曾自鸣得意地宣称自己坦率,不会掩藏自己是个智术师,理由是隐藏自己是智术师反而会被怀疑是智术师。苏格拉底以表达自己的疑惑的方式告诉普罗塔戈拉,尽管你自称很坦率,而且把坦率等于小心,或者在坦率的同时很小心,你却没有看到自己在雅典说话会在哪一点上招惹政治不正确的麻烦——雅典人民非常聪明,他们不会那么容易被糊弄。

由于苏格拉底的警告,普罗塔戈拉得意地讲了一个神话故事,但讲到一半发现不能实现自己的意图,赶紧改口,于是有了这番如此之长的演说。换言之,普罗塔戈拉整个儿是在苏格拉底的支配下表演,他不能说自己想要说的东西,而是完全按苏格拉底要他做的那样去做。

我们不清楚在一旁听的希珀克拉底多大程度上意识到苏格拉底让普罗塔戈拉演了一场戏,因为柏拉图没有就此着墨。但在普罗塔戈拉演讲的最后一段,我们看到,他自我感觉变得越来越好,明显在笑话苏格拉底,反过来,苏格拉底其实也在笑看普罗塔戈拉的表演——于是,这个戏剧场面就成了两个智识人在相互笑对方,整个儿是谐剧色彩。

二 关于政治德性的辩难

[题解]普罗塔戈拉讲完后,苏格拉底说到普罗塔戈拉演说的效果以及自己的感受。叙述文体把我们从场景中一下子拉了出来——如果是演戏式对话,我们就没法看到苏格拉底对普罗塔戈拉演说的评价。

苏格拉底首先对希珀克拉底说话。从戏剧笔法或场景调度来说,柏拉图要以此凸显希珀克拉底的在场,从而提醒读者,他一直在那里听着普罗塔戈拉的长篇大论,尽管我们没有读到苏格拉底描述他的实际感受和反应。

苏格拉底揪住了普罗塔戈拉的神话和论说中关于德性的说法的内在矛盾,进一步表达了自己的

二 关于政治德性的辩难

困惑。

普罗塔戈拉实际面对着两类人:能正确提出问题或理解问题的人和不能正确提出或理解问题的人。对于后一类人,搞长篇大论就有必要,但对于前一类人,搞长篇大论就是在糊弄人。

接下来我们会看到,普罗塔戈拉不仅能正确回答问题,也懂得正确提出问题。苏格拉底提问故意不那么清楚的时候,他会不急于回答,而是先问是什么意思。可见,他的确是个热爱智慧者。

如此之长且如此这般的这番演示过后,普罗塔戈拉结束了论说。而我呢,已经沉迷[其中],望[d5]着他好半天,仿佛他还有什么要说,而我很欲求听。

当我感觉到他确实已经讲完,还真费了些劲儿才让自己回过神来。我瞟了一眼希珀克拉底,[对他]说,"阿珀罗多罗斯的儿子啊,我实在感激你,把我拉来这里。听了从普罗塔戈拉那里听到的[这些],[328e]我所获多多。毕竟,就在刚才之前,我还以为,好人之成为好人,不是凭人为努力;但这会儿我信服了。[1]

"不过,我有个小小的地方没想通。显然,普罗塔戈拉轻易就[e5]能开导[我],既然他开导了那么多的事情。毕竟,如果有人就同样这些事情与任何一个[329a]民众演说家——无论伯利克勒斯,还是别的哪个铁嘴——讨论,大概也会听到这样一些说法。可是,如果还

1　[施疏]苏格拉底对集市上的朋友们说的是自己被迷住了,因此,这里的"信服了"等于被迷住了。如果被迷住是装样子——集市上的朋友听得出来,这里的"信服了"也是装样子,但在场的人恐怕就不容易听出来。如果把"信服了"理解为被迷住了,恰好可以用于指对民众发表演说取得成功:让众人"信服了"意味着让他们被迷住。在普罗塔戈拉一番长篇大论之后,苏格拉底表演了一番自己如何佩服得五体投地,这段表演是苏格拉底对第一场景的朋友们讲述的,实际情形是否如此,很难说。可以肯定的是,普罗塔戈拉长篇演说之后,苏格拉底有过一番表演,在场景内部,这种表演应该叫做"装样子",或者用通常的说法,这种表演就是著名的苏格拉底式反讽。苏格拉底随后恭维普罗塔戈拉很会"开导我们"——很容易看到,这段说法是典型的苏格拉底式反讽。

有什么要进一步问,[他们]无不像书本那样,既不能解答,也不能反躬自问。如果有谁就所讲的东西中哪怕小小的一点儿[a5]问下去,[他们]就会像被敲响的铜盆响个不停,直到有谁摁住它。那些演说家们就这样,要是[329b]有人问一丁点儿,他们就会扯出一段长篇大论。

"这位普罗塔戈拉有本事讲得又长又漂亮,就像刚才他表明的那样,他也有本事简捷回答提问,若问问题,也会等待和听取[b5]回答——极少数人才会到这份儿上。"1

1　[施疏]苏格拉底从根本上否定了普罗塔戈拉的漂亮演说,理由是长篇大论与成文书本一样,不能及时回答新的问题(其实,法律也是这类文字,没有活人的心灵,就是死的东西)。换言之,逻各斯[论述]的根本缺陷在于,不能使得思考贴近具体的个人。由此我们可以看到,所谓苏格拉底式反讽,其最为根本的含义是:直接贴近自己所面对的谈话者而言。反讽的基本特征就是佯谬,不过,还需要区分明显的反讽和隐匿的反讽。如果一个人在任何时候都这样子说话,是明显的反讽。苏格拉底的反讽针对具体的人,是隐匿的反讽——比如,对于在场的人,可能仅普罗塔戈拉听得出苏格拉

苏格拉底的进一步困惑

"普罗塔戈拉啊,这会儿我只差一丁点儿就搞通所有的了,要是你能回答我这一点的话。你[刚才]说,德性可教,而我呢,要是我会被别的任何人说服,也会被你说[329c]服。不过,你在讲的时候,那个[让我感到]惊讶的东西在我心里堵得慌。

"你当时说,宙斯把正义和羞耻分给人,而在论说中的好些地方,正义、节制、[c5]虔敬以及所有这类东西,都被你总起来说成仿佛是一个东西,即德性。[1] 请给我用

底这段话的机锋所在。 换言之,苏格拉底的这段反讽是说给普罗塔戈拉听的。 当然,还有一个人——希珀克拉底。 苏格拉底以此向希珀克拉底表明,他所追慕的普罗塔戈拉的修辞术其实成问题。

1　[施疏]苏格拉底所提出的问题是:正义与虔敬是否一回事。 苏格拉底表示,就这一点儿没想通。 换一种表述,这个问题是:你普罗塔戈拉虽然论证了德性可教,却没论证哪种德性可教。 这里不是问何谓德性本身,而是问正义究竟如普罗塔戈拉所说是一种,还是有多种。 因为,普罗塔戈拉在

二　关于政治德性的辩难

论证详尽地仔细说说，究竟德性是不是一个东西，而它的各部分则是正义、节制、虔敬；抑或我刚才 [329d] 说的这些实际上不过是一个东西本身的各个名称。这就是我渴望 [知道] 的。"

"可是，这很容易回答，苏格拉底，"普罗塔戈拉说，"因为，你问的那些实为一个东西即德性的 [各个] 部分。"[1]

"是不是这样，" [d5] 我说，"就好像一张脸的部分是嘴巴、鼻子、眼睛、耳朵，抑或像金子的部分那样，部分与部分没差别，无论这一部分与另一部分还是与整体 [都没差别] ，除了大小 [之别] ？"

"对我来说，它们显得是前一种， [329e] 苏格拉底，

神话中说到正义和羞耻，在长篇大论中则说到正义、虔敬和节制（325a，参323e），甚至说到正义与智慧（323a），听起来像是至少有两类正义。

[1] ［施疏］对于思辨性的问题，普罗塔戈拉并不感到困难，回答很轻松。不过，苏格拉底的这个问题看起来的确容易回答。因为，苏格拉底并没有挑明隐含着的大问题，即没有问：你究竟说的是常人可以期待的德性，还是那种更高层次的德性。

就像脸的部分与整个脸。"

"那么,"我说,"人们拿取德性的部分,是不是有些人拿取这一部分,另一些人拿取那一部分? 或者,要是某人拿取一[部分],必然就有了全[部]?"

[e5]"不会[是后一种],"他说,"因为,多数人勇敢却不正义,就算多数人正义,也不智慧。" 1

---

1 [施疏] 普罗塔戈拉选择了脸的比喻,这下就糟了。虽然嘴巴、鼻子、眼睛、耳朵都在脸上,我们不能说,嘴巴和鼻子在性质上是同质的。 既然我们不能说鼻子或耳朵是脸,我们也就不能说,正义是德性或节制是德性。 这样一来,就没有德性本身,没有高于各种具体德性的那个作为"一个"的德性。 于是,要求得到德性本身,就得把所有具体德性加在一起。 总之,由于普罗塔戈拉的回答是,德性的各部分与德性本身的关系有如脸的各部分与脸本身的关系,结论必然是:得把所有具体德性加在一起才能定义德性,正如一张没有鼻子或眼睛的脸就不是一张脸。 倘若普罗塔戈拉不得不接受这个结论,他就给自己带来一个致命的困难:德性本身不是可教的。 因为,无论普罗塔戈拉,还是雅典人,他们即便能教正义或者节制,教的仍然不是德性本身。

二　关于政治德性的辩难

"那么,这[两者]也是德性的[330a]部分了,"我说,"亦即智慧和勇敢?"

"大多恐怕都如此吧,"他说,"而且,各部分中最大的[部分]当然是智慧。"

"它们每一个都与另一个不同吧?"我说。

"没错。"

"它们每一个都有自己的能力吧,就像脸的那些[部分],眼睛不像耳朵,它们的能力[a5]就不是一回事,其他[任何]部分也没有哪个与另一个相同,无论按能力还是按其他方面都不同。德性的各个部分是不是也如此,没有哪个[330b]与另一个相同,无论其本身还是其能力?或者,明摆着就是如此,要是像这[脸的]范例的话?"

"可的确就是如此啊,苏格拉底。"他说。

于是我说:"那么,德性的别的部分就没有与知识[学问]一个样的,也没有哪部分与[b5]正义一个样,或者与勇敢一个样,或者与节制一个样,或者与虔敬一个样?"1

1　以这样的顺序来历数德性并非习规,色诺芬的《阿格西劳斯王》也列举了这五种德性,处于中间位置的是节制。

"没有。"他说。

不妨一起来考察政治德性

"那好吧,"我说,"我们不妨一起来考察,它们每一个究竟是什么性质的东西。首先[考察]这种:[330c]正义是做某件事情,抑或不是做某件事情?1 对我来说,毕竟,它显得是[做某件事情],你[觉得]是吗?"

"对我来说也是,然后呢?"他说。2

实际上也可以让正义处在中间位置,那样的话,情形就完全不同了。《王制》中仅提到四种(智慧、勇气、节制和正义),没有虔敬(427e6)。

1 [施疏]这个提问实际上问的是:正义究竟是不是与一件切实的事情(a tangible thing)甚至一个事件(affair)相关。 比如说,正义的确也可能是虚构出来的某种东西,以便用来说服人们做义人,有名无实——苏格拉底的下一问就表明,正义有可能仅仅是个名称而已。 因此,这里问正义究竟是不是"做某件事情"的意思是:正义是实实在在的事情,抑或仅仅是个名称。

2 [施疏]苏格拉底自己对问题已经作出了回答("对

二 关于政治德性的辩难

"要是有人问我还有你：'普罗塔戈拉和苏格拉底啊，对我说说看，你俩刚才名之为做事情的这个，[1] 也就是正义，这个[做事情][c5]本身是正义的抑或是不义的呢？'我自己这方会回答他，是正义的；你那方呢，会投哪一票？[2] 与我相同还是不同？"

"[与你]相同。"他说。

"那么，正义就是像做义人这样的事情，我会这样回

我来说，毕竟，它显得是……"），这无异于同时给了普罗塔戈拉回答提问的方向，因此普罗塔戈拉说，"对我来说也是"。 这样的提问显得不像是真的在诘难普罗塔戈拉，苏格拉底在别的场合问难时并不这样提问。 为何苏格拉底要这样提问？ 因为他是为了希珀克拉底来到这里，希珀克拉底一直在场听苏格拉底与普罗塔戈拉的交谈，苏格拉底得保护他，不让他的灵魂受到不合宜的言辞的影响——往后我们还会看到，苏格拉底在必要时甚至会很不地道地打断普罗塔戈拉的话。

1　[施疏]这话表明，正义起初仅仅是个名称而已。

2　古希腊人投票时把石子放在瓮中，白色无洞的表示无罪，黑色有洞的则为有罪。 [施疏] 苏格拉底的提问方式明显在引导普罗塔戈拉，并不民主，但表面上苏格拉底很民主。

答那个[330d]提问的人；你不也会吗？"

"会。"他说。

"要是他接着问我们：'你们不是说虔敬是某种东西吗？'我们兴许会说[它是]，如我想的话。"

"没错。"他说。

"'那么你们是说，这也是做某件事情，是抑或不是？'我们会说是吧。或者不会？"

他对这也[d5]表示同意。

"'那么，这个做事情本身可以说自然而然就是做不虔敬的人或者做虔敬的人吗？'——对[那人的]这个问题，我兴许会光火起来，"我说，"而且兴许会说：'扯淡，你这家伙，要是虔敬本身会是做不虔敬的人，哪还会[330e]有虔敬这回事啊！'——你会说什么？你不也会这样回答？"

"当然会。"他说。

"那么，要是在这以后他问我们说：'你们刚才怎么说的来着？难道你们[的说法]我听得不正确？[e5]我觉得你们好像说的是，德性的各部分彼此是这样的：它们的每一个都与另一个不同。'于是，我兴许会说：'别的你都没听错，听错的是你以为我也是这样说的。毕竟，是这普罗塔

二 关于政治德性的辩难

戈拉[331a]在回答这些啊,我不过是提问而已。'[1] 要是这

---

1 [施疏]在表达了与普罗塔戈拉的诸多一致之后,涉及虔敬是否有不同于其他德性的性质时,苏格拉底突然话头一转,高调宣称自己与普罗塔戈拉不一致。 这很有可能是在向普罗塔戈拉暗示涉及他本人的一件事情:普罗塔戈拉本人在虔敬方面的为人非常成问题。 现在我们可以理解,为什么苏格拉底会在提问中带入陈述性说法。 据第欧根尼・拉尔修记载,普罗塔戈拉写的《论诸神》以"诸神在还是不在,我不知道。 这问题太深奥,而我的生命太短暂,使得我没法知道"开头。 这样的说法表明普罗塔戈拉不虔敬,雅典人把他的书给烧了,以渎神罪驱逐他出境。 有人会说,对话中的苏格拉底并不知道这事,因为对话的历史时间早于普罗塔戈拉在雅典的最后遭遇。 的确如此,但同样可以肯定的是,写这篇对话的柏拉图知道这事。 既然普罗塔戈拉后来的确有过被判渎神罪这样的历史遭遇,柏拉图在写作时就可能调度历史时间,让苏格拉底在这里揭普罗塔戈拉的老底。 在这里,在场的其他人很可能也不知道普罗塔戈拉不虔敬的事情,尤其重要的是希珀克拉底不知道。 因此,苏格拉底在这里暗示普罗塔戈拉:你的老底我可知道,但我可以帮你保密。

会儿他说:'普罗塔戈拉,这人说的是真的吗? 你的确说德性的这一部分在性质上不是另一部分? 这就是你的说法么?'——你会回答他什么?"1

"被[a5]迫得同意[这一点],苏格拉底。"他说。

虔敬与正义

"那么,普罗塔戈拉,我们将回答他什么呢?2 我们同意这些后,要是他进一步问我们:'这样一来,虔敬在性质上就不是做正义的事情,正义在性质上就不是做虔敬的事情,而是做不虔敬的事情;虔敬在性质上也不是做正义的事情,而是[331b]做不义的事情,[正义]就是做不虔敬的事情?'我们将怎么回答他? 我本人当然会替我自己[回答]说:'正义就是做虔敬的事情,虔敬就是做正义的事

1　[施疏]这话听起来就像是苏格拉底在与普罗塔戈拉同行了一段路程之后把他抛弃了。

2　[施疏]苏格拉底又重新让自己与普罗塔戈拉不分你我。 这意味着什么呢? 对于普罗塔戈拉的不虔敬,苏格拉底能够理解? 无论如何,至少现在苏格拉底并没有彻底抛下普罗塔戈拉不管。

情。'要是你会让我替你说,我将会回答,这些是一样的:'其实,行为[b5]正义当然与虔敬是一回事,或者极为相似,简直可以说,正义在性质上即虔敬,虔敬在性质上即正义。'不过看清楚哟,你是不是允许这样回答,或者你是不是也这样同意。"1

---

1 [施疏]正义和虔敬"极为相同"的说法也可以理解为,即便最为对立的事物,也会有某种相同。 从实践目的来看,正义与虔敬的确很相同,因为常人往往忽视两者的差异,很容易把两者视为同一种东西。 比如,正义和虔敬都受到人们赞美。 但从思辨的角度看,"极为相同"的说法已经以两者不是一回事为前提。 这意味着承认:一个人可以是虔敬的而不必同时是正义的,或者一个人可以是正义的而不必同时是虔敬的。 如果把这层含义与前面揭普罗塔戈拉老底的事情联系起来,那么就可以说:普罗塔戈拉不虔敬其实并不算什么事儿,只要他是正义的。 我们甚至可以联想到苏格拉底本人:他被指控不敬拜城邦的神,并没有什么大不了,重要的是,他是正义的人。 对哲人来说,正义的理由比虔敬的理由更为显要。 如果正义不是虔敬,正义就是不虔敬,反过来说,虔敬就会是不义。 在《游叙弗伦》中,这个决定性的区分呈现得

"把正义与做虔敬的事情扯在一起、[331c]把虔敬与做正义的事情扯在一起,苏格拉底,我可不觉得如此简单,"他说,"我觉得,它们之间还是有某种差异。[1] 不过,造成这差异的究竟是什么呢?"他说,"如果你愿意的话,我们姑且就让正义是做虔敬的事情、虔敬是做正义的事情吧。"[2]

"我不,"我[c5]说,"我完全不需要用这个'如果你愿

更为清楚——虔敬有两种含义:第一,做神通过神谕或祭司告诉人们要做的事情;第二,做神做的事情(效法神)。 如果是后一种含义,那么,就意味着应该模仿宙斯做事情。 如果把这一区别公开,常人们都学宙斯的样,结果必然是做不义的事情。 因此,第二种含义很清楚地表明,正义与虔敬会非常不同。

1 [施疏]普罗塔戈拉不领苏格拉底的情,显然,如果他接苏格拉底递过来的搭桥,就成了苏格拉底在教他如何回答问题。 在眼下这个场合,普罗塔戈拉不愿让自己在众多人面前丢脸。

2 [施疏]由于苏格拉底的说法过于灵活,他的这个观点在具体情况下会有不同的含义,普罗塔戈拉趁机表示,如果你非要这样说,也无所谓。 苏格拉底本来在教普罗塔戈拉演双簧,普罗塔戈拉却不愿意再演下去。

意'和'倘若你觉得'[之类]来辩驳,而是[需要]我和你[的直接辩驳]。我说'我和你',因为我认为,谁要最佳地探讨出个道理,[331d]就得让自己离这'如果'远点儿。"[1]

"不过,当然喽,"他说,"正义的确有点儿像虔敬,毕竟,任何东西都这样或那样地与随便什么东西相像。白在某种情况下像黑,硬[在某种情况下]像软,还有[d5]其他显得相互极为对立的东西[也是这样]。就我们在某个时候说到的东西而言,都有各自的能力,这个东西在性质上不是那个东西——脸的各个部分就这样或那样地[相互]相像,这个[部分]在性质上就是那个[部分]。所以,要是你愿意的话,你当然可以用这样一种方式来辩驳,[说]所有东西[331e]相互都相同。不过,把那些有点儿相同的东西叫做相同,是不对的;把那些不那么相同的东西叫做不相同,也不对,即便它

---

[1] [施疏]苏格拉底与普罗塔戈拉抬杠,并非是为了自己在众多人面前的面子,而是为了教育希珀克拉底。希珀克拉底肯定多少听说过普罗塔戈拉的主张,如果不让普罗塔戈拉在这里更多暴露自己的观点,就对希珀克拉底彻底认识普罗塔戈拉不利。毕竟,对希珀克拉底来说,亲自听见普罗塔戈拉说什么,非常重要。

们会有相同的地方,也仅是一丁点儿而已。"1

我感到奇怪,便对[e5]他说:"那么,对你来说,做正义的事与做虔敬的事相互之间就是这样子的,因为它们相互所有的相同就那么一丁点儿?"

"不是,"[332a]他说,"不是这样子,不是你觉得我以为的那样。"2

1　[施疏]苏格拉底在前面把正义与虔敬等同起来,暗含的正是正义与虔敬有某种相同,但说得相当隐晦,普罗塔戈拉却把苏格拉底说得隐晦的含义挑明了。 换言之,苏格拉底在挑明普罗塔戈拉隐含的真实观点时同时在替他隐藏,普罗塔戈拉在挑明苏格拉底的隐含观点时,却没有替苏格拉底隐藏,反而揪住苏格拉底的这一说法发起攻击。 这显然给苏格拉底出了难题,将了苏格拉底一军。

2　[施疏]两人在这里僵住了,普罗塔戈拉明显不想就这个话题继续谈下去。 普罗塔戈拉是外邦来的大名人,他已经感觉到苏格拉底这个雅典名流非常聪明,对他究竟是个什么家伙心里没底,甚至可能觉得苏格拉底故意在让自己难堪,自己周游列国遇到这种情形恐怕还是头一回。 他极力要稳住自己的阵脚,跳出困境,尽管这并不容易。 无论如何,普罗塔

节制与智慧

"不过算了吧，"我说，"既然你让我觉得你对这很烦，就让我们放下这个，我们不妨来细看你说的另一个东西吧。你把这[某个东西]叫做没节制吧？"

他说[是的]。

"做这[a5]事情不就完全与智慧相反吗？"

"至少我觉得[是]。"他说。

"那么，要是人们做事情既正确又有益，在你看来，他们如此做事情时算节制呢，还是[当他们]相反地做事情[算节制]？"[1]

戈拉得顾及自己的声誉，不能从眼下的困境中溜掉——毕竟，希珀克拉底是扛着钱袋来找他的。

[1] [施疏] sophrosune 这个希腊语词最好译作 moderation，因为这里的意思就是 being sensible [明智]。比如，我们劝朋友别喝太多时会说 be sensible。显然，这不完全等于有智慧，所谓有智慧指一种理论性的品质，一种能力，而且是了不起的能力。但与 being sensible 相对的 senselessness，其对立面就是智慧。一个 senseless 的人是个低人，一个智慧的人则

"[如此做事情时算]节制。"他说。

"他们岂不[332b]是凭节制来节制吗?"

"必然如此。"

"那些不正确地做事情的人岂不是做事情没节制,因而,这样子做事情就是没节制吧?"

[b5]"我也这样觉得。"他说。

"那么,没节制地做事情就与节制地做事情相反了?"

他说是。

"没节制地做的事情岂不是靠没节制做出来的,节制地做的事情是靠节制[做出来的]?"

他同意。

"要是一件事情是得力地做出来的,就是得力地做事,要是一件事情是软弱地做出来的,就是软弱地做事吧?"

他觉得是。[1]

是高人。 如果没有恰当地翻译这个语词,我们就没法跟上苏格拉底在这里多少有些智术化的论证。

[1] [施疏]可以注意到,普罗塔戈拉的回答随着苏格拉底的提问在发生微妙变化。 普罗塔戈拉的回答有时显得根本没有说话,仅仅用面部表情来表达——从332b5处之后,苏格

"要是一件事情是敏捷地做出来的,就是敏捷地做事,要是一件事情是慢腾腾地做出来的,[332c]就是慢腾腾地做事?"1

拉底在多处用的不是直接的演示性陈述,而是间接陈述:"他说是","他同意","他也认为如此"。 可见,普罗塔戈拉已经逐渐意识到自己在逻辑上出了麻烦,有些尴尬起来。 越到最后,普罗塔戈拉越显得被动,回答显得非常勉强,甚至最后没有话说。 这样一来,普罗塔戈拉就当众表明,自己对于德性并没有清楚的认知,而他在一开始却对希珀克拉底宣称,自己的专业是教德性。

 1 [施疏]在对比没节制与节制是相同品质的对立时,苏格拉底用了比喻:就像快慢是相同品质(速度)的对立面,强弱也是相同品质(力量)的对立面。 但苏格拉底没有说,节制地做事究竟是做事快还是慢、强还是弱。 若从字面上看,节制地做事当比作做事慢(在《卡尔米德》中,节制的第一个界定就是做事要慢,不能急匆匆)。 不过,苏格拉底用显得非常纯粹的品质对比(快慢、强弱)来比喻节制,实际蕴含着大量的含义,速度(快慢)和力量(强弱)仅仅是类型的比喻。 要界定何谓节制,从实践上讲也很难。

他说是。

"那么,一件事情是以如此方式做出来的,就是由这个本身来做事情,要是一件事情是以相反方式[做出来的],就是由相反的东西[来做事情]?"

他同意。

"那么好,"我说,"有某个美的东西吗?"

他同意。

"除了丑的东西,它还与什么东西相反呢?"

"没有。"

[c5]"然后呢?[即]有某个好的东西吧?"1

"有哇。"

"除了坏的东西,它还与什么东西相反呢?"

"没有。"

"然后呢?声音中有某个高点儿的东西吧?"2

他说有。

"除了低沉的东西,它还与什么东西相反呢?"

1　[译按]苏格拉底转而说到"好",这意味着,"美"与"好"并不完全等同。

2　[施疏]苏格拉底引入了智慧,尽管没有提到智慧

二 关于政治德性的辩难

他说没有。

"那么,"我说,"相对立的东西中的每一个都仅有一个相对立的东西,而不是许多?"

他同意。

[332d] "那么好吧,"我说,"让我们总括一下我们已经同意的。我们已经同意,一个东西仅有一个相反的,而非许多,是吧?"

"我们已经同意。"

"以相反方式做的事情是由相反的东西做出来的,是吧?"

他说是。

"我们已经同意,[d5]与无节制地做事情相反的是

之名——智慧当然是美[高贵]、好、高的东西。 如果把五种描述依次排列,美[高贵]处于中间位置:强、弱、美[高贵]、好、高。 美[高贵]与好被区别为两种品质非常重要,不然就没法说高贵的对立面是低俗,好的对立面是坏——至少从逻辑上讲如此。 可是,如果美[或高贵]和好有这样的基本差异,德性的多样性就会是非常基础性的了:有与美[高贵]相关的德性,也有与好相关的德性。

节制地做事情,是吧?"

他说是。

"那么,节制地做的事情是由节制做出来的,没节制地[做的事情]是由没节[332e]制做出来的?"

他同意。

"那么,以相反方式做的事情是由相反的东西做出来的,是吧?"

"是。"

"这事是由节制做出来的,那事是由没节制[做出来的],是吧?"

"是。"

"以相反的方式吗?"

"当然。"

"那么,是由相反的东西做出的?"

"是。"

"那么,没节制[e5]与节制相反?"

"显得是这样。"

"你还记得,刚才前不久,我们已经同意没节制与智慧相反吧?"

二　关于政治德性的辩难

他同意。

"可一个东西只有一个相反[333a]的啊?"

他说[同意]。

"那么,普罗塔戈拉啊,这[两个]说法我们该选取哪个呢?1 一个东西仅有一个相反的[这个说法],抑或那个[说法]——据它说,智慧与节制是两回事,但两者每个都是德性的部分,而且这一个与那一个不一样,不仅自身[不一样],而且[a5]其能力[也不一样],就像脸的各部分[不一样]? 我们该选取[这两个说法中的]哪一个呢? 毕竟,这样两个说法一起说实在不符合缪斯技艺啊。

1　[施疏]苏格拉底其实是任意地摘取了两条假定中的一条。 因此,我们得追究,苏格拉底为什么摘取这一条假定。 如果我们相信苏格拉底的智慧,就得相信他选择这一条假定一定自有其道理。 实际上,基于这一似是而非的原则,苏格拉底给出了一个非常漂亮的对智慧与节制的异同的分析。 苏格拉底在探问过程中,具体地涉及的是节制而非智慧,而且见诸行事,似乎节制是可见的,而智慧是不可见的,仅用美[高贵]、好、高的东西来暗示——换言之,节制是实践德性,智慧是理论德性。

它们既唱不到一起,也无法相互合调。[1] 毕竟,它们怎么会唱到一起呢,倘若[下面]这一点是必然的话:[333b]一个东西仅有一个相反的,而非有许多。没节制是一个东西,可它与智慧和节制都相反?是这样的吗,普罗塔戈拉?"我说,"不然又是怎样呢?"

他同意,不过十分勉强。[2]

---

1 [施疏]苏格拉底最后的提问是:一个东西仅有一个相反的还是也有许多相反的。 这两个说法我们得放弃一个。 如此提问实际上暗含这样的意思:没节制的确可能既是智慧的对立面,又是节制的对立面。 说到底,一个对立物只能有一个对立面这一原则建立在一大堆困难之上,实际上是有问题的。 每个东西只有一个相反的东西这一原则真的站得住脚吗? 人世中重大事情的品质真的只有一个对立面吗? 显然并非如此,怯懦是勇敢的对立面,没节制同样可以说是勇敢的对立面。

2 [施疏]这里的两段问答共讨论了四种德性:正义、虔敬、智慧、节制,前面提到的五种德性中,唯有勇敢没有提到,我们必须想一想为什么? 如果取消了勇敢这个居间分隔两类德性的中心性德性,那么,智慧就与节制、正义和虔敬成为一类德性了。 色诺芬说过苏格拉底没有区分智慧与节制之

正义与节制

"那么,节制岂不就会和[b5]智慧是一回事了? 先前[说的]其实已经让我们看到,正义与虔敬几乎就是同一个东西。好啦、好啦,"我说,"普罗塔戈拉,我们别泄气,我们还要细看余下来的东西。在你看来,某个做事情不义的[333c]世人,就他做事情不义而言,算得上节制吗?"

"这个嘛,我就不好意思同意喽,苏格拉底,"[1] 他说,

后,接下来就说,"正义和一切其他德性都是智慧,因为正义的事和一切道德的行为都是美和好的"(《回忆苏格拉底》3.9.5)。 不过,智慧与节制还没有协调一致,至于是否能协调一致,需要读到对话最后,我们将看到两者的统一。 由此来看,苏格拉底的谋划相当深远。

1 [施疏]"不好意思"不意味着否认,而是怕脸红。普罗塔戈拉没法否认,节制地行不义或者说一个人既行不义同时又是节制的至少从逻辑上讲可能,因为他主张各种德性的分离——他不好意思公开承认,或者说承认这一点会让他脸红,显然因为承认这一点会违背常识道德。 柏拉图虽然没有用"脸红"来描述普罗塔戈拉的反应,但"不好意思"的含义

"尽管世人中的多数人恐怕会说[是这样]。"

"那我该与那些[多数]人搞清道理,还是与你搞清道理啊?"我说。

"如果你愿意,"他说,[c5]"你不妨先拿这说法与多数人对话吧。"

"其实我倒没所谓,要是你仅仅回答,你觉得这些究竟是[这样]抑或不是。毕竟,我要审查的主要是这个说法。结果会是,无论提问的我还是回答者,都会平等地受到审查。"[1]

[333d]起初,普罗塔戈拉在我们面前装模作样,嘀

与第二场景中希珀克拉底的"脸红"在性质上相同:都是因某种如今所谓的"社会道德"而产生的反应。

1　[施疏]在前两段问答中,苏格拉底都摆出两种可能性让普罗塔戈拉作出选择,这一次虽然也摆出两种可能性供选择,由于普罗塔戈拉明显想要躲避选择,苏格拉底已经是在以近乎强制的姿态逼他选择。 如果强制就是行不义,那么,苏格拉底的如此姿态就是行不义。 可是,苏格拉底没有说是普罗塔戈拉的"这个说法",刻意让普罗塔戈拉与他自己所主张的观点分开,似乎将要审查的观点与普罗塔戈拉本人没直接关系(比较331c:在那里,普罗塔戈拉就站在自己所表达的

二　关于政治德性的辩难

咕这论题繁难,然后才同意回答。

"开始吧,"我说,"从起头回答我。有些人做事情不义,对你来说显得是做事情节制吗?"

"就算是吧。"他说。

[d5]"你是说[做事情]节制即善于思虑吧?"

他说是。

"善于思虑就是[他们]由于做事情不义要周全考虑吧?"

"就算是吧。"他说。

"是哪一种呢,"我问,"他们做不义的事情时是做得漂亮还是低劣?"

"做得漂亮。"

"那么你是说,有某些好的东西?"

"我的确说有。"

"那么,"我说,"好的东西就是对世人有益的[东西]吧?" 1

观点的立场上),还说作为提问者也会受到审查,使得普罗塔戈拉暂时脱离社会道德的压力。因此,苏格拉底在这里的强制之举,恰恰就是节制地行不义。

1　[施疏]"什么是好东西"这个哲学式的提问可以有

[333e]"当然是啊,凭宙斯说!" 1 他说,"即便对世人并没益处的,我也会称为好东西。"

不同的方向,比如在《王制》中,苏格拉底追问什么是"好东西",得到的答案是"好东西是一"。但在这里,苏格拉底进一步问,"好东西"是否意味着"对世人有益",从而走向实践方向。这样的考虑在讨论正义和虔敬时出现,会显得更切题,但在第一段问答中却没有出现这样的探问,反而在这里出现,看到这一点很重要。

1　[施疏]普罗塔戈拉禁不住脱口而出向宙斯发誓。在整篇对话中,向神发誓都非常罕见。在第二场景中,希珀克拉底发誓五次,苏格拉底发誓两次。在第三场景,我们还是头一回见到有人发誓,而且是普罗塔戈拉。为什么他要发誓?发誓在这里意味着强调自己的看法,或者说普罗塔戈拉在表达自己的观点时带了情绪。没谁会在证明一条数学命题时发誓,但在政治论争中,发誓就频繁得很。如果纯粹的数理与政治体现了人世中对立的两极,那么,普罗塔戈拉的发誓表明,这会儿他终于不得已被拖入了他始终不愿涉足的具体政治语境。苏格拉底的提问让普罗塔戈拉没法再保持清高,显得有些失态,如此失态是政治性的,毕竟,他是来到雅典的外邦客人。

我感觉到普罗塔戈拉这会儿脾气上来啦,回答时一副摆出阵势争胜的样子。见他这副样子,我小心翼翼起来,温和地问——"你是说,"我说,[334a]"普罗塔戈拉,那些对一个人没益处的东西,还是说那些整个儿没益处的东西?而你把这些也称为好[东西]?" 1

普罗塔戈拉奋起反击

"绝不是[这意思],"他说,"我自己当然知道,许多东西对人并没益处——吃的、喝的、药物以及别的[a5]数也数不过来的东西,但[我也知道]有的东西对人有益。还有一些则谈不上对人有益或者有害,却对马有益;有些仅对牛有益,有些则对狗有益。还有一些对这些[动物]谈不上有益或者有害,却对树木好;而且有些对树根好,对嫩枝却有害,比如畜粪,撒在所有树木的[334b]根上都好,可要是你想把它们撒在新苗和嫩枝上,就把它们全毁喽。甚至还有橄榄油,对所有植物都极为有害——

---

1 [施疏]苏格拉底问的这个问题的意思是:难道你能节制地称某种对谁都没有用的东西是好东西或有益的东西吗?

而且是除人以外所有[b5]生物的毛发的大敌,却呵护人的毛发甚至身体的其他地方。所以,一个东西的好实在复杂,而且五花八门。[1] 就拿这个[橄榄油]来说,在[334c]体外对这人就是好东西,但在体内,同样的这个

---

[1] [施疏]普罗塔戈拉起初说,对人而言东西有好坏之分,现在则说,好东西是各种各样的,有各种不同的好处,因为除了人,还有别的动物,或者说,除了人这个类,还有别的类,因此,好东西要分种类。 于是,不好的东西实际上消失了,没有不好的东西。 因为,对人来说是不好的东西,对马或牛或狗却是好东西。 这个论点显得非常漂亮,有理有据——狗食对狗是好东西,对人显然不是好东西。 这个论点的实质用今天的话说叫做价值相对主义,在《王制》卷二,格劳孔也提出过这一论证,并进一步引申下去。 普罗塔戈拉并不想这样做,而是转而谈起了畜粪。 在《泰阿泰德》中,苏格拉底曾转述过普罗塔戈拉的相对主义论点("任何事物在人看来是什么样的,就是那样的"),尽管表述有所不同。 至少,普罗塔戈拉主张价值相对主义的观点是确有其事。 情急之下,普罗塔戈拉终于把自己藏在心底的想法说了出来,或者说,他藏在心底的政治德性观被苏格拉底给逼了出来。

东西[对这人]就极坏。¹ 由于这个原因,医生全都禁止体弱者在[c5]想吃的东西中用橄榄油,除非极少一丁点儿,以祛除食物和佐料中让鼻子感到的难闻味为限。"

1　[施疏]"一个东西的好实在复杂,而且五花八门"这个命题与一开始说的"许多东西对人并没益处……"看似一致,其实不然。 因为,开始的说法以人作为一个整体的类来区分好或坏的东西,现在则说,对人来说,好东西本身多种多样。 这等于说,在人这个类那里,好东西也因人而异。 由此必然引导出对人这个类作进一步区分,就像前面对动物类进一步区分马、牛、狗。 可是,普罗塔戈拉没有进一步区分人这个类的属,而是区分了人体外部与人体内部。 如果对比普罗塔戈拉把植物划分为树根和嫩枝,那么,对人体的内部和外部的区分,就是对人这个类的进一步区分。 换言之,普罗塔戈拉不是把人区分为男人和女人或成人和孩子,而是区分为不同类型的人:所谓"人体外部"可以理解为外人(the exterior man),所谓"人体内部"可以理解为内人(the interior man)。 如此区分原则可以对应于比如人的高低之分或常人与非常人的区分。

[附释] 普罗塔戈拉最后这段说辞,是在回答苏格拉底关于"好"是否等于"有用"的问题。苏格拉底的提问方向是政治性的,而非形而上学性的,而普罗塔戈拉这段说辞带出的关于"好"的相对主义说法,则既有形而上学含义,又有政治哲学含义。

从实践的、政治的层面来看,"好"的确是相对的,中国人的"好"与德国人、美国人的"好"有些一致,有些就不一致。有些"好"来自习俗,这也是政治性的。但是,普罗塔戈拉的论证从人这个类引出动物、植物的类别,从而是在类似于如今所谓存在本体论的立场上来论证价值相对主义,而非从政治生活的层面来谈价值相对主义。

这就带出一个结果:苏格拉底说要"从头开始"讨论的问题没有着落,正义与节制的统一没有得到论证,仍然悬而未决,反倒引得普罗塔戈拉对"好东西"是相对的做了一番形而上学论证。可是,普罗塔戈拉在这段说辞的最后,又非常隐晦地提到人的类别之分,如此类别之分说到底是政治性的。

如果常人伦理与非常人伦理的差异和调和问题始终隐伏在整个这场可以分作三段的对话背后,那么可以说,普罗塔戈拉的这段说辞最后又从根本上证成了常人伦理与非常人伦理的差异。苏格拉底本想引导普罗塔戈拉在眼下场合抹去常人伦理与非常人伦理的差异,现在这一企图彻底落空了。

三 关于正义的争纷

[题解] 在前面的三段问答中,普罗塔戈拉都显得丢份儿,在众多人面前形象多少受损,但靠着最后这段关于相对主义的论说,他赢回了面子,博得了满堂喝彩。剧情随之出现了亚里士多德在《诗术》中说到的肃剧要素之一:突转。这段情节对整部戏剧的结构具有极为重要的推动作用,我们既得小心地识读其中的具体细节,又得注意整段情节在结构转换方面的含义。

普罗塔戈拉说这番话时,在场的人大声喝彩,似乎他讲得好,我则说,"普罗塔戈拉呀,我恰恰属于记性不好那类人,要是有个世人对我说得老长,[334d] 我就记不住这番话是关于什么的了。就好比倘若我恰好耳朵有点儿不好使,你就会认为,一旦你要同我讨论什么,就需把嗓门提得比对别人更高。这会儿也是这样,既然你恰好遇到个记性不好的,要是我得跟上你的话,[d5]请替我把回答截短,搞得更简短些。"1

---

1 [施疏]苏格拉底的确喜欢简短对话,但他并没有在任何时候都要求谈话同伴不要搞长篇大论。在《王制》卷一中我们可以看到,忒拉叙马霍斯就有过一大段篇幅不短的宏论(343b–344c),比普罗塔戈拉的这段宏论起码长一倍多。苏格拉底听后说,忒拉绪马霍斯简直就像"澡堂里的伙计,把大桶高谈阔论劈头盖脸浇下来,灌得人满耳朵都是",而且"说完之后打算扬长而去"。但众人不肯放他,要他留下来为自己的主张辩解,苏格拉底也"恳求他",因为"究竟对不对,既没有充分证明,也未经反驳,看你就要走。你以为你说的是件小事吗?它牵涉到每个人一生的道路问题——究竟做哪种人最有益"(344d–e)。可见,苏格拉底并非记不住长篇大论。苏格拉底在抱怨普罗塔戈拉的同时,又与普罗塔戈拉套近乎:我不如你啊,你总得对我顾着点儿吧,似乎"我们"之间毕竟有某些共同的东西。相反,普罗塔戈拉接下来断然拒绝了苏格拉底:你是你,我是我。他指责苏格拉底对

"你怎么要求我回答得简短呢?难道我对你的回答得比必须的更短?"他说。

"不是那个意思。"我说。

"而是必须的那么短?"他说。

[334e]"就是。"我说。

"那么,我该回答你的这个'必须回答那么多'究竟是我觉得的那么多,还是你觉得的那么多啊?"

"其实,我曾听说,"我说,"要是你愿意的话,你自己[e5]教别人这些事情时既能讲得很长——这样子时绝不会没话可说,又能讲得简短——这样子时[335a]没谁说得比你更简洁。所以,要是你愿同我讨论的话,请你对我用后一种方式,即言辞简短的方式。"1

自己发指示、提要求,简直就是对他行不义,接下来的对白差不多就是在吵架。 如此说法无异于在区分人的类别:我普罗塔戈拉与你苏格拉底可不是一类。

1 [施疏]苏格拉底两次请普罗塔戈拉将就自己:一次以请求方式,一次以恭维方式。 倘若这里的"将就"是装样子,那么,所谓"将就"就具有政治含义:比如非常人应该顾及常人。

"苏格拉底,"他说,"迄今为止我已经和好些人舌战[a5]过,倘若我过去是按你要求的那样来做——按反驳者要求我[必须]如何讨论的那样来讨论,我就既不会显得比任何人更优秀,普罗塔戈拉也不会名满希腊啦。"

苏格拉底以退为进

而我呢——毕竟,我发觉他对自己[335b]先前的回答不满意,而且不再情愿在讨论时回答[提问]——既然我认为,这样的在一起[聚谈]不是我的活儿,我便说:"其实啊,普罗塔戈拉,我不是非要我们这样在一起[谈],违背你觉得[b5][想要的方式]。只不过,要是你愿意以我能够跟得上的方式来讨论,我当然会和你讨论。你毕竟——就像你据说而且你自己也这样说——有能力既以长篇大论的方式又以言简意赅的方式搞聚谈。[335c]毕竟,你有智慧啊——可我没能力[跟上]这些长篇大论,尽管我愿意有这能力。不过,既然你两方面都行,你就必须将就我们咯,这样[我们]才可以在一起[谈]。但既然现在你不愿意,而我又没什么空闲,不能[c5]待在你旁边听长篇大论——毕竟,我得赶去别处,我要告辞啦,尽管我也许不是不高兴听你的这些[长篇大论]。"1

说这番话时我站起身来要走,当我站起来时,卡利阿斯右手拽住[我的]手,[335d]左手抓住[我]这件磨破的外套,说道:"我们不会放你走,苏格拉底,你要一走,谈话对我们就会不一样啦。我要你与我们待着,任听谁都没有比听你和[d5]普罗塔戈拉交谈让我高兴。你可别让

1　[施疏]苏格拉底的前两个理由是说假话,这会儿说自己没有时间,也是说假话。 我们知道,苏格拉底闲得很,他的事情就是与人谈话。 说假话是一种行不义,苏格拉底在这里有话不实说是不义。 可是,他的不义却有正义的理由,因为在场的人都有兴趣听苏格拉底与普罗塔戈拉继续对话。 普罗塔戈拉刚刚赢得的胜利局面马上逆转成了这样:他虽然聪明、审慎地行事,却反倒是在不义地行事。 因为,他无视共同的好(大家聚在一起的乐趣),无视这里应该有一场大家期盼的论争。 苏格拉底让我们看到:行不义可以是节制的或智慧的(比如苏格拉底自己在这里的行为),节制(审慎)的人或智慧的人也会行不义(比如普罗塔戈拉在这里的行为),而义人则可能是个糊涂虫。 实际上,苏格拉底的这段说辞接续并推进了前面中断了的关于正义与节制的主题。

我们大家扫兴。"

这时我已经站起来要走出去,我说:"希珀尼科斯的儿子呀,我可是一向钦佩你的这种热爱智慧,眼下[335e]尤其赞赏和热爱[这种热爱智慧],要是你的要求我可能[办到]的话,我倒很愿意让你开心。可这会儿你简直就像是要求我跟上希美拉的跑手克里松——他正是精力最旺盛的时候,或者要我与某个长跑手或急差比着跑,而且不落下。[1] [336a]我会对你说,我比你更要求我自己跟

1　克里松是来自西西里的希美拉的长跑家,曾先后在公元前448、前444和前440年的奥林匹亚竞赛中获胜。[施疏]这话虽然听起来又像是在恭维普罗塔戈拉,但苏格拉底说自己跑得慢没法与赛手相比,其实还隐含这样一层含义:探讨哲理与赛跑完全是两码子事,不能比谁快。苏格拉底提到著名长跑家的大名,暗讽普罗塔戈拉吹嘘自己在演讲比赛中胜过许多演说家。这无异于让周围的听众明白,就声誉而言,普罗塔戈拉属于体育明星一类。普罗塔戈拉为了自己的声誉不受损害不便说出坚持自己的方式的理由,显然,这样的理由说出来会很丢人。

上这些个跑手们，可我不能啊。要是需要看我同克里松一起跑，你就得要他慢下来。毕竟，我没能力跑快，[a5] 而他却有能力[跑]慢。要是你欲求听我和普罗塔戈拉[交谈]，你就得要他这会儿像起初他回答我提出的那些问题时一样回答简洁。1 [336b] 不然的话，交谈的方式

---

1 [施疏] 苏格拉底明里把自己与卡利阿斯摆在一起，暗里把自己与希珀克拉底摆在一起。普罗塔戈拉的长篇论说对卡利阿斯这类人和希珀克拉底这样的青年来说的确非常沉闷，他们的心智力与普罗塔戈拉相差太远。我们可能会说，苏格拉底的心智力不是也很高吗，难道他不应该让着普罗塔戈拉一点儿？在前面的论辩性对话中，苏格拉底的言辞尽可能浅显通俗，而且没有为了普罗塔戈拉而改变自己的速度。这样一来，对话会让在座的心智力高的人（比如另外两位智术师）不感到兴奋。因此，苏格拉底以不能适应长篇大论为理由要离开，表明他顾及心智力平常的人，而非顾及心智力非常的人。苏格拉底的心智力或论辩能力当然不比普罗塔戈拉差，就自己而言，他无需要求普罗塔戈拉让着自己一点儿。换言之，苏格拉底要求普罗塔戈拉让着他一点儿，不是为了自己，而是为了在座的心智力平常的人。

会成什么样子啊？何况，我觉得，在一起相互交谈与搞民众演说毕竟是两回事嘛。"1

何谓正义

"可是，苏格拉底，你看到了吗？"他说，[b5]"普罗塔戈拉如果认为应该允许按[他]自己愿意的方式来交谈，他似乎说得蛮正义，你不同样也如此[要求]按你愿意的方式来交谈嘛。"2

1　[施疏]前面卡利阿斯的强留带有谐剧成分，现在这番对卡利阿斯说的话却非常严肃。虽然这番话是对卡利阿斯说的，实际上是说给希珀克拉底听的，因为苏格拉底承担着保护希珀克拉底的义务，这是他来卡利阿斯家的前提。苏格拉底其实并非真的要离开，他没有真话实说，从形式上看，这样做是不义之举，但由于是为了顾及他人的利益，如此行不义就获得了辩护。

2　[施疏]卡利阿斯的说法表明了他对正义的理解：正义等于每个人有平等的权利，没有谁的要求会是更为正义的，没有任何东西会是更为正义的——正义等于平权。

这时阿尔喀比亚德插进来,他说:"你说得实在不美,1
卡利阿斯。毕竟,这苏格拉底已经承认他跟不上长篇大
论,输给了普罗塔戈拉。至于说这样子交[336c]谈以及
设置话题——给出和接过话题,要是苏格拉底会输给任
何人的话,我就会觉得奇怪啦。所以,要是普罗塔戈拉承
认,在交谈方面他比苏格拉底更为蹩脚,对苏格拉底来说
就够啦。但要是他坚持不让,就让他以[c5]问和答来讨
论,而不是在每个提问上把大话扯得老长,言辞躲闪,不
愿[336d]给出个说法,却滔滔不绝,以至于在听的多数
人——我说'多数人'[而非'所有人']——都忘了问的
问题究竟是关于什么的。当然咯,我担保苏格拉底不忘
事儿,他不是不会开玩笑,说自己记不住。2 所以,在我

---

1 [施疏]"美"这个副词在这里包含"高贵"或者
"公道"的意思。

2 [施疏]这话表明阿尔喀比亚德听得出苏格拉底的话
中开玩笑的地方——我们会说苏格拉底装样子或说谎,阿尔喀
比亚德却能够准确把握苏格拉底的风格,懂得苏格拉底的玩
笑,尽管切不可忘记,玩笑式的谎话并不等于不再是谎话。
不过,这里的关键在于,阿尔喀比亚德的说法无异于揭了苏格

看来,苏格拉底会觉得[d5][自己的]说法更恰当。¹ 毕竟,[我们]每个人都必须表明自己的看法嘛。"

阿尔喀比亚德之后,我想,说话的是克里提阿斯吧。[他说:]"普罗狄科和希琵阿斯啊,据我看,卡利阿斯似乎太向着[336e]普罗塔戈拉,阿尔喀比亚德呢,对自己拥护的任何事情总是争强好胜。不过,我们不必跟着争强好胜,无论偏向苏格拉底还是偏向普罗塔戈拉。我们得一致请求两位别中途分手。"²

拉底的真相(在《会饮》中,阿尔喀比亚德也如此)——这个真相不仅是苏格拉底强有力,也有苏格拉底顾及心智能力较低的人。 从而,阿尔喀比亚德无意中揭示了苏格拉底的正义真相。

1　[施疏]"更恰当"的含义是"更公平",亦即更高的正义。 阿尔喀比亚德依据自己对苏格拉底的真相的认识提出了能力或资质的差异,认为应该正视并承认差异才公平,公平比平等更高,从而反驳了卡利阿斯的权利平等观。

2　[施疏]克里提阿斯的如此表态表明他对何谓正义有这样的看法:正义就是不偏不倚,就是不要抱团。 克里提阿斯进一步要建立一个形式正义的法庭,从而推进了阿尔喀比亚德促请在场的人投票的提议。 接下来两位智术师果然顺着克

智识与权力

[337a]克里提阿斯说这些后,普罗狄科说:"我觉得,你看起来说得好,克里提阿斯。毕竟,这类言辞的参与者必须共同听取投入交谈的双方,但不是平等地[听取],毕竟,[两者的说法]不是同一个东西。毕竟,应当共同[a5]听取双方,不等于[应当]平等地赞赏各方。应当多给更有智慧的,少给更无学识的。[1]

"所以,我本人认为,普罗塔戈拉和苏格拉底啊,你们应该谦让,相互围绕论题对辩,[337b]不要争吵嘛。毕竟,朋友与朋友对辩是出于善意,彼此不合和互为敌人的人才争吵。这样,我们就会有一场极好的聚谈。这样,你

里提阿斯的说法依次发言,俨然自己就是正义法庭的法官。于是,思考与正义在这里合二为一。

1 [施疏]普罗狄科否定了权利的平等分配,主张不平等的分配:应当多给有智慧的,少给无学识的——这意味着给聪明的人多些权利,给不聪明的人少些权利。 进一步推论下去很容易得出这样的观点:智识人统治是正义的,哲人应该当王。

们两位发言人就会赢得我们这些[b5]听者的极大敬重,而非受到称赞:敬重出自听者的心底,没有蒙骗,称赞往往是些违背自己的意见说谎的言辞。[337c]而且,这样的话,我们这些听者也会极为欣喜,而不是愉快:欣喜指靠精神本身学习和获得某种见识,愉快则指吃到某种东西或靠身体本身快乐地得到某种东西。"

普罗狄科说的这些,在座的多数人都接受。[1] [c5]接着普罗狄科之后,希琵阿斯这个智者说:"在座诸位,我认为,就自然而非礼法而言,你们是同族和同一个家庭的成员,[337d]每个都是城邦民。毕竟,相同的与相同的凭自然彼此亲近。可是,礼法是[支配]世人的王者,它强制许多针对这自然的东西。对我们来说,羞耻的是,我们懂得诸事的自然,而且在希腊人中最智慧,

---

1　[施疏]普罗狄科的建议没有得到在场所有人的赞同,原因可能有两个。 首先,他的说法因精细的语义辨析而过于智术化,不够通俗;其二,他的正义观明显基于资质不平等:智识人应该得到更多的东西——在座的显然有好些人并非智识人,比如卡利阿斯和希珀克拉底清楚自己还算不上智识人。

[d5]眼下聚集在希腊的这样一个地方,[聚集]在这智慧的主席团大厅,[聚集]在这城邦最伟大、最光耀的高宅,可我们一点儿都没[337e]拿出配得上这名位的东西,竟然像世人中的那些最为低劣的人那样相互争来吵去!1

"所以,我这会儿敦请和奉劝,普罗塔戈拉和苏格拉底啊,你们得和解。我们就像公断人把[你们]拉到[338a]这中间地带,你[苏格拉底]就别非寻求这种严格的对话样式——非常简洁——不可,要是普罗塔戈拉不喜欢的话,不妨随他滔滔不绝,使得[他的]辞令可以对我们显得更为宏伟壮丽、更为井井有条。反过来呢,[a5]普罗塔戈拉就别整个儿夸夸其谈,乘风扬帆,遁入言辞汪洋,以至于陆地隐而不见——反正,你俩守点儿中道。就

---

1 [施疏]希琵阿斯彰显自然与礼法的对立,更为明确地区分了常人与非常人:不聪明的人是常人,没必要帮他们,因为他们即便得到帮助也会搞得乱七八糟——这无异于暗中否定了苏格拉底主张的"顾及"常人。希琵阿斯的发言最后得到一致赞同,因为他把所有在场的人都阿谀了一番。

这样做吧,听我劝,选出仲裁或主管或主席,替你们[338b]看住各自言辞的适中长度。"1

苏格拉底的中庸之道

这话让在座的都满意,所有人都称赞,而且卡利阿斯说,他不会放我走。于是,他们要求我选个主管。我说:"选个言辞裁判出来,未免羞耻吧。[b5]毕竟,要是被选出来的比我们还差,更差的管住更好的,这可不正确哦。要是[被选出来

---

1 "仲裁"的字面意思是拿着棍子的人,在奥林匹亚竞技会上指体操比赛的裁判。 [施疏]希琵阿斯比普罗狄科走得远,但并没有离开普罗狄科的基点。 普罗狄科仅仅劝告苏格拉底与普罗塔戈拉要像朋友一样,不要伤和气;希琵阿斯进一步提出制度化建议:选举仲裁——这等于以立法方式约束苏格拉底和普罗塔戈拉各自的自然天性。 如此制度化建议等于说,即便理智的城邦也需要订出一个习规来纠正错误。 这无异于说,普罗塔戈拉和苏格拉底都还不够聪明,都走极端,现在需要有个更聪明的人出来掌握分寸。 从整个公审进程我们可以见到一种上升:从卡利阿斯、阿尔喀比亚德到普罗狄科和希琵阿斯,最后落脚在智术化思维,从一般意见上升到哲学的自然观。

的和我们]一样,同样不正确。毕竟,一个[与我们]一样的人会与我们做一样的事情,选他[338c]出来是多此一举。[1]

"当然,你们会选一个比我们更好的人出来。实际上,我觉得,对你们来说,没可能选出一个比这普罗塔戈拉更智慧的。要是你们万一选了个一点儿都不更好的人,[2]你

---

1 [施疏]现在我们看到,关于何谓正义的问题,实际上没有结论。 正义本身应该起到的就是裁决作用,但裁决何谓正义却又需要裁决。 裁决何谓正义需要有智慧的人,但有智慧的人聚在一起时,发生争执又没法选出一个仲裁者。 这看起来的确可笑,却隐含着非常严肃的问题。 不仅如此,这里的语境是民主,何谓正义没有结论,也就意味着,不可能靠民主方式得出何谓正义的结论。 既然这里的正义是作为德性之一来谈论的,也就意味着,不可能靠民主方式得出何谓德性的结论。

2 [施疏]苏格拉底偷偷用"好"的观念替换了"智慧"的观念。 显然,有智慧未必等于"好人"。 那么,在这里"好人"的意思是:这个智慧之人没有对在场的那些智慧不够的人的意见表示足够尊重。 与正义问题联系起来,我们可以说,苏格拉底在这里把正义理解为涉及他人意见时的态度,无论这些人有智慧还是没有智慧。

三　关于正义的争纷

们却宣称更好,对这普罗塔戈拉就会成为一种耻辱——竟然选一个[c5]低劣的世人当主管。至于我自己嘛,倒没什么所谓。

"不过,为了你们热望的事情——我们的聚谈和交谈可以实现,我倒愿意这么办:如果[338d]普罗塔戈拉不愿回答,就他来问、我来答,同时,我会试着向他演示,我所说的回答[问题]该是怎样回答。一旦我回答了他愿意问多少就问多少[的问题]之后,让他再以[d5]同样方式对我说明道理。要是他显得并不热心回答[我]所问的问题,你们和我就要共同要求他做你们要求我做的事情:不要毁了聚[338e]谈。因此,完全没必要有一个主管,而是你们大家共同主管。"

大家都觉得应该这样办。普罗塔戈拉虽然老大不情愿,也被迫同意问问题,[e5]问够之后,再以简短回答给出说法。

[施疏]苏格拉底对自己的建议的补充,彻底排除了普罗塔戈拉再搞长篇大论的可能性,阻止他像在前面的问答中那样,当自己被击败时再来一段长篇大论赢回一局。经过这番民主式的表态,苏格拉底使得排除长篇大

论成了民主的决议,从而取得了完全胜利。表面看来,苏格拉底作出了妥协,实际上,真正作出妥协的是普罗塔戈拉。在其他所有人的胁迫下,普罗塔戈拉被迫按苏格拉底的指挥棒跳舞。苏格拉底以顾及不那么有智慧的人为理由,巧妙地(以妥协方式)夺取了下一场公审的主席位置。

四　做高贵者难

[题解] 新一轮问答按照苏格拉底制定的规则进行。我们记得,在讲完普罗米修斯神话后的长篇演说中,普罗塔戈拉曾谈到教育有三个阶段,第二阶段的内容主要就是学诗。

现在普罗塔戈拉以此为基础向苏格拉底提问,问题涉及理解古诗。普罗塔戈拉明确说,他虽然是就叙事诗提问,话题却仍然是德性问题,只不过讨论方式有所不同。普罗塔戈拉对自己在前面的失败心知肚明,想要通过自己的拿手好戏赢回输掉的一局。

注意文体仍然是叙述,而非逐字逐句的演示性报告。叙述就会有取舍、剪裁,我们不知道苏格拉底如此讲给第一场景的人们听时如何重新修饰了事情的原委。可以肯定,柏拉图写下的作品多多少少对事件本身有所增删——所谓诗人是说谎者,含义就是如此。

于是，他开始像下面这样提问。"我认为，苏格拉底，"他说，"对一个男子来说，教育的最大部分在于[让他在]诗句方面[339a]厉害。这就是有能力透彻理解诗人们所说的东西——[理解]哪些是[诗人]正确地作成的诗，哪些不是，亦即懂得[怎样]区分[这些]，而且，当有人问的时候懂得给个说法。[1] 那么，现在呢，提问仍然涉及的是我[a5]和你谈论的同一个问题，也就是关于德性[的问题]，转到了诗作而已——差别就这么一点儿。"

"成为好人"与"做好人"

"有一次，西蒙尼德斯[2]对帖撒利亚人克瑞翁的儿子

1　[施疏]普罗塔戈拉说的是叙事诗，而非抒情诗。叙事诗当然是长诗，从篇幅来讲，接近长篇大论，而非简短问答。戏剧中也有短篇讲辞，但这类讲辞并不是苏格拉底式的讲辞。

2　西蒙尼德斯（约公元前556—前468年），古希腊著名诗人，开了为钱写诗的新风尚，史称西方历史上第一个"职业诗人"，只要给钱就什么都能写，据说品达称他为"受雇的缪斯"。亚里士多德的一段记载可以佐证：有个赛手在骡车

四 做高贵者难

斯科帕斯说:

> [339b]一方面,要成为一个好男子,真的难啊,
> 无论手、足,还是心智
> 都要做到方方正正,无可指责。1

赛中赢了第一,要西蒙尼德斯为他写首凯歌,西蒙尼德斯嫌钱给得少,就说骡子非驴非马,怎么称颂呢……那人说加点钱如何,西蒙尼德斯马上作诗称颂那骡子"有如骏马"(《修辞学》1405b25)。

  1 西蒙尼德斯的这一说法表达了毕达哥拉斯式的四数才堪称完美的信念。 对毕达哥拉斯学派来说,伦理学属于数学范畴,道德上的优异是一种数学式的和谐。 [译按]我国古代的"方正"既有正方形、四四方方的含义(《周髀算经》卷上:"圆出于方,方出于矩"),也有道德品质的含义:"守道""正直""端正"。 比如,《易·恒》中有言"好男子以立不易方",孔颖达疏"方,犹道也"。《管子·形势解》说:"人主身行方正……行发于身而为天下法式者,人唯恐其不复行也。"《后汉书·班彪传》中有言:"行不易方,言不失正。"

你知道这首诗歌吗？要不我整个儿给你背诵一遍？"

[b5]我说："完全没必要，我知道的，而且我碰巧还对这首诗歌下过一番功夫哩。"[1]

"那就好。"他说，"那么，你觉得它作得美不美、正确不正确啊？"

"非常美，而且正确。"我说。

"要是这诗人自己说了与自己相反的，你也觉得[b10]作得美？"[2]

"那兴许就不好咯。"我说。

---

1 [施疏]色诺芬在《回忆苏格拉底》中曾提到，控告苏格拉底的人提出的具体罪状之一是，苏格拉底专挑古老诗人最差的诗句来讲解（1.2.56 – 58）。

2 [施疏]《王制》卷一涉及西蒙尼德斯的诗时，话题是何谓正义：有话实说、借债照还是否就穷尽了正义的含义。这里普罗塔戈拉揪住的问题是，西蒙尼德斯的说法是否有自相矛盾——但我们可以设想，如果西蒙尼德斯有话不实说，就很有可能会制造自相矛盾的说法。换言之，自相矛盾的说法不一定真的是逻辑错误，也可能是摆脱困境的一种手法。

四 做高贵者难

"那么,"他说,[339c]"再好好看看[这首诗]。"

"可是,好人呃,我已经看得够可以的啦。"

"那么,你看,"他说,"这诗人在接下来的诗歌中说:

> 我可不觉得匹塔科斯[1]的话中听,
> (5)尽管话是一位智者说的,[2]
> '难啊,'他说,'是一个[c5]高贵者。'

你想过吗,这同一个[诗]人[现在]这样说,先前却那样说。"

"这个我知道。"我说。

"那你觉得,[后面的]这些与[先前的]那些一致?"

"我觉得它们显得如此"——其实,这时我还真害怕他会说出点儿什么[3]——"不过,你呢?"我说,"它们显

---

1 公元前7世纪勒斯比俄斯(Lesbios/Lesbos)岛首府缪提勒涅(Mytilene)的行政官,人称"七贤"之一。

2 [译按]圆括号中的数字指西蒙尼德斯的原诗行码。

3 [施疏]苏格拉底为什么会担心普罗塔戈拉真的逮着

得不是[这样]?"

"这[诗]人两样都说,怎么会[339d]显得与自己一致呢?一方面,这[诗]人首先确立的是,成为一个好男子实际上很难,可诗作刚往前走一点儿,他就给忘啦。明明匹塔科斯[d5]说的与他说的是同一个说法——是高贵者太难——他却[难道不是在]谴责[这个说法],而且宣称不接受匹塔科斯的与他自己相同的说法?要是他谴

了什么? 苏格拉底也许想到,在座的人会以为,普罗塔戈拉真的揪住了西蒙尼德斯诗中的自相矛盾,进而可以反攻倒算:如果西蒙尼德斯这个大名鼎鼎的智识人在德性问题上都自相矛盾,为什么我普罗塔戈拉不可以如此? 至于苏格拉底是否真的担心,我们并不知道。 相反,他含糊地否认西蒙尼德斯的说法自相矛盾,倒值得引起我们的注意。 因为,如果西蒙尼德斯的说法并不自相矛盾,那么,他的说法就有可能是说出了一种自相矛盾的人世状况:成德既难又不难。 倘若如此,做好男人"难"和"不难"听起来自相矛盾,实际上暗指的是:要具有某种德性既难又不难。 前面提到过五种德性,这里指的是五种德性都既难又不难,还是仅仅其中的某一种德性如此呢?

责一个跟他自己有同样说法的人,那么很明显,他是在谴责自己。所以,他所说的要么前一个不正确,要么后一个不正确。"1

[d10]他说完这些,听者中的多数人发出喝彩和[339e]叫好。而我呢,当他说过这番话和其他人喝彩时,我起初仿佛挨了好拳手一击,两眼漆黑,脑子晕眩。然后——至少对你说真的——为了有时间来思考这位诗人究竟说的是什么[意思],我转向普罗狄科,然后喊他,"普罗狄科呀,"我说,"你可是西蒙尼德斯的城邦民啊,2 [340a]你帮这人一把才正义啊。我觉得我应该向你喊援,就像荷马所说,斯卡曼德罗斯遭阿喀琉

---

1 [施疏]本来应该是普罗塔戈拉问问题,苏格拉底回答。实际上,普罗塔戈拉并没有很好地提出问题,他明显是在指教苏格拉底应该如何注意到西蒙尼德斯诗中的自相矛盾。

2 西蒙尼德斯和普罗狄科都是科俄斯岛上的尤里斯(Iulis)人——科俄斯岛在爱琴海南部基克拉迪(Cyclades)群岛,那里的人在德性方面有卓越声誉(参见柏拉图《法义》1.638b)。

斯围困时向西摩伊斯喊援,他说的是:'亲爱的兄弟呀,让咱俩一起来顶住这汉子的[a5]大力吧。'[1]

"所以,我也向你喊援,以免普罗塔戈拉把我们的西蒙尼德斯给灭啦。毕竟,为了纠正西蒙尼德斯,需要你的缪斯技艺,你靠它区分过愿望和[340b]欲求不是同一个东西,还有你凭此说的好些美的东西。所以,请注意看看,是否你与我一同[这样]觉得。毕竟,西蒙尼德斯并没有显得在说与自己相反的东西。普罗狄科,你就摆出你的看法吧,在你[b5]看来,'成为'与'是'是一回事,抑

---

[1] 《伊利亚特》21.308–309。[施疏] 为什么苏格拉底会把普罗塔戈拉比作阿喀琉斯? 柏拉图的《希琵阿斯后篇》可以为我们提供理解的线索,在那里,希琵阿斯提出了一段荷马诗文要苏格拉底解释,其中也出现了阿喀琉斯。希琵阿斯说他很喜欢荷马笔下的这位英雄,不喜欢荷马笔下的另一位英雄奥德修斯,因为奥德修斯谎话连篇,阿喀琉斯却从不说谎,绝对真诚(《希琵阿斯后篇》364e 以下及 369e–371d)。 我们可以说,苏格拉底把普罗塔戈拉比作阿喀琉斯,暗含的意思是:普罗塔戈拉不能容忍西蒙尼德斯说谎或自相矛盾。

或另外回事?"[1]

"另外回事,凭宙斯。"普罗狄科说。[2]

"西蒙尼德斯不是自己在起头[几行]就说出了自己的看法么——'要成为一个好男子真的难啊'?"我说。

"你说得真实。"[340c]普罗狄科说。

"那么,西蒙尼德斯谴责匹塔科斯,就不像普罗塔戈拉认为的那样,是因为匹塔科斯说了与他自己说的同样

1　[施疏]通过向普罗狄科提问,苏格拉底又回到了提问者的位置。 苏格拉底刚刚自己定了规矩,他必须先回答普罗塔戈拉的提问,然后才轮到他向普罗塔戈拉提问(338e),才不到一会儿他就破了自己订立的规矩,或者说又在行不义。

2　[施疏]普罗狄科的回答带发誓语,显得有些奇怪。 向宙斯发誓是城邦宗教的语言,普罗狄科的发誓语表明,他绝非仅仅是纯粹的沉思人(理论人),也是城邦民。 苏格拉底称他为"西蒙尼德斯的同胞",兴许真的让他生出与西蒙尼德斯的同胞感。 实际上,在希腊文中,"城邦民"(politēs)与"同胞"的含义也很难区分。 普罗狄科的发誓表明,他没有能区分"城邦民"与"同胞"的差异,在第一场景的听者听来,又难免让人发笑。

的东西,而是因为说了别的。毕竟,匹塔科斯并没有像西蒙尼德斯那样说'成为'[c5]高贵者难,而是说'是'[高贵者难]——'是'和'成为'并非同一回事啊,普罗塔戈拉,这普罗狄科说的哟。除非'是'与'成为'是同一回事,西蒙尼德斯自己并没有说与自己相反的东西。[1] 兴许[340d]这普罗狄科和别的多数人都会按赫西俄德[的说法]说,成为好人难呢,因为'在德性面前,诸神铺下了

---

[1] [施疏]在"成为"和"是"并非一回事这一点上,苏格拉底与普罗狄科和西蒙尼德斯达成了一致,形成了三合唱。 但苏格拉底真的与普罗狄科和西蒙尼德斯的看法一致吗? 是抑或不是都值得深究。 如果是的话,为何苏格拉底要让自己与普罗狄科和西蒙尼德斯为伍? 这个困惑一时还无法解决,我们得继续读下去。 让我们先关注态势:由于苏格拉底与普罗狄科和西蒙尼德斯结盟,受到围困的反是普罗塔戈拉,他认为"成为"和"是"是一回事,从而认为西蒙尼德斯的诗中有大错。 顺便说,普罗塔戈拉的看法很可能与赫拉克利特的观点有关联。 换言之,苏格拉底、普罗狄科和西蒙尼德斯都不同意,万物没有恒定的品质:"成为"不等于"是",反之亦然,"是"标明一种恒定的品质和持存状态。

汗水',但是,谁一旦'抵达[德性的]顶峰,成就[德性]就容易了,[d5]虽然获得[德性]曾经难'。"1

普罗狄科听到这番话便夸奖我,普罗塔戈拉却说:"苏格拉底啊,你这纠正比你所纠正的错得更大喽。"

我说:"哎呀,事情反倒被我搞糟啦,好像是这样吧,[340e]普罗塔戈拉;我简直是个可笑的医生,我治病却搞得病更重。"2

"岂不就是这样嘛。"他说。

"岂不是怎样?"我问。

[e5]他说:"要是这诗人竟然说,以如此方式获得德

1　比较赫西俄德,《劳作与时日》289－292:"在有识之士面前,永生的诸神铺下了/艰辛,通往有识之士的路又长又陡,/到达顶点艰难曲折;一旦抵达顶峰,/道路从此变得平坦,无论前路多么艰难。"柏拉图的引用有改动,使之更为尖锐,尤其第二行(行290)。

2　[施疏]这种说法从形式上看明显自相矛盾:医生比病更病。 但这话的含义却并非文理不通,而是表明,价值的贬值会是更糟的事情。 通过这种说法,苏格拉底让在座的看到,形式上自相矛盾的说法,不等于是错误的说法。

性是件太寻常的事儿,而所有世人都觉得,这是所有事情中最难的,这诗人就太没学识喽。"

我说:"凭宙斯,普罗狄科恰好在我们这儿,对这些个说法简直是时机难逢。兴许可以说,[341a]普罗塔戈拉啊,普罗狄科那神样的智慧很有把年纪了,不是起自西蒙尼德斯[的辈分],就是甚至还要年迈些。而你呢,尽管在好些其他事情上老练,在这方面却显得没经验,不像我那么老练——我毕竟是普罗狄科的弟子嘛。[a5]我觉得,你似乎还不懂得,西蒙尼德斯对这'难'的用法并不是像你的用法那样,倒像这位普罗狄科在涉及'厉害'[这个词]时每每告诫我的那样——当我称赞你或别的某个人时,我说普罗塔戈拉是个厉害的有智慧的男人,他就问我,[341b]把好东西叫'厉害',我难道不感到羞耻?毕竟,他说:'厉害的[事情]是坏[事情]。所以,绝不会有谁会说厉害的富足或厉害的安宁或厉害的健康,但会[有人]说厉害的疾病、厉害的战争和厉害的贫困,[b5]因为,厉害的就是坏的。'1

---

1 [施疏]苏格拉底戏仿普罗狄科表明,他那一套语词辨析技艺没什么了不起,学起来很容易([译按] 施特劳斯

"所以,兴许科俄斯岛人和西蒙尼德斯所用的'难'[指的]是'坏'或你还不懂的别的什么。我们不妨问普罗狄科吧,毕竟,涉及西蒙尼德斯的方言,问他才正义。普罗狄科啊,西蒙尼德斯的这个[341c]'难'说的是什么呢?"

的学生罗森写过一本书叫《分析的限度》,就是在模仿苏格拉底,表明分析哲学的技艺没什么了不起)。 不过,苏格拉底绝非仅仅是在戏仿普罗狄科,如果我们比较一下《王制》卷二中阿德曼托斯的一段长段说辞(364a)就可以看到,这里隐含着非常严肃的说法——阿德曼托斯在那里提请苏格拉底好好考虑一下关于正义和不义的另一种说法,也就是常人和诗人都用的说法:节制和正义诚然美好、可敬,但肯定很难、很辛苦;放纵和不义倒很舒服、容易。 如果要赞扬德性,就得说德性很容易、很舒服;如果说德性很难、不舒服,等于不要人们去追求德性。《王制》中的这段文字让我们明白,苏格拉底在这里并非真的在模仿普罗狄科,学着他搞精细的纯语词辨析,而是在揭示人世间的一种真实情况。 通过装模作样模仿普罗狄科的样搞精致的语词辨析,苏格拉底不仅揭示了人世间的真实情况,也戏弄了普罗狄科迷恋语词辨析的怪癖。

"坏[事]。"他说。

"那么,由于这些,"我说,"普罗狄科啊,当匹塔科斯说'做高贵者难',西蒙尼德斯才谴责匹塔科斯吧,因为,在西蒙尼德斯听起来,仿佛[c5]匹塔科斯在说'做高贵者是坏[事]'。"[1]

"可是,苏格拉底,难道你认为,"普罗狄科说,"西蒙尼德斯说的是别的什么[意思]而非这[意思]?即他

---

1 [施疏]这一解释与前面的三段辩难有关,当时得到的结果是:一,正义等于虔敬;二,节制等于智慧;三,正义是否等于节制,尚没有结论。 在随之而来的公审中,苏格拉底虽然以自己的言行展示了正义与节制的关系(即正义等于节制),但是毕竟没有形成明确结论,正义与节制的关系如何,仍然没有获得解决。 解释西蒙尼德斯的诗的这场戏,实际上是在继续探究节制(也许更好的说法是 prudence[明智])与正义的关系。 从形式上看,这一段仍然是一场诉讼戏。 通过把普罗狄科拉来做仲裁人,苏格拉底又成功赢回败局,体现出自己如何节制或者有智慧。 可是,苏格拉底的节制仍然是以不义行为(自己破了自己订立的规矩)来获得胜利。 当然,他的不义行为始终基于正义的理由,即为了希珀克拉底。

四　做高贵者难

责骂匹塔科斯是因为,匹塔科斯不懂得正确区分语词,毕竟,他是勒斯比俄斯岛人,在外邦方言中长大。"[1]

[c10]"普罗塔戈拉,"我说,"普罗狄科说的这些你听见了吧。[341d]对这些你有什么话说?"

普罗塔戈拉说:"这样的话,就太离谱啦,普罗狄科。其实,我很清楚地知道,西蒙尼德斯说的'难',与我们[说]的不是一回事,不是'坏',而是不[d5]容易,靠许多作为才成得了。"[2]

"不过,普罗塔戈拉啊,"我说,"其实我也认为,西蒙尼德斯说的是这[意思],而这位普罗狄科当然也知道这一点。他不过开个玩笑,似乎要考验一下你是否有能力持守住你自己的论点。西蒙尼德斯并没有说'难'[事]

1　匹塔科斯的父亲是忒腊克人,"匹塔科斯"这个名字本身就是忒腊克人(参见修昔底德《战争志》4.107.3)。

2　[施疏]"不容易"意味着免不了艰辛或麻烦。其实,在常人看来,麻烦就是一种"劣"。普罗塔戈拉没有想到这一点,没有注意到常人在这个问题上的感觉。当然,普罗狄科也未必注意到这一点。

是[341e]'坏'[事],1最重要的证据是紧接着的下一说辞。毕竟,他说:'唯有一个神恐怕才有这奖赏',[所以,]他不至于说'做高贵者'是低劣的事,而是说,[e5]唯有神才拥有这,唯有这神才配得到这奖赏。毕竟,普罗

1　[施疏]苏格拉底从普罗狄科的回答中收回了"难"是"劣"的意思,让自己单独持有"难"的意思是"劣"。苏格拉底说普罗狄科不过是开个玩笑,这话可谓一箭双雕,同时击中两个智术师。 因为,这一方面等于告诉普罗塔戈拉,普罗狄科的说法是在戏弄你,我苏格拉底不过跟着普罗狄科拿你开心一下。 另一方面,苏格拉底的这话骨子里也奚落了普罗狄科,因为,苏格拉底首先说"难"的意思是"劣",而普罗狄科仅仅是跟着苏格拉底在说。 换言之,苏格拉底把自己的词义辨析的功绩送给了普罗狄科。 这样一来,普罗塔戈拉表面上又赢了。 但按苏格拉底的讲述,这赢不是真正的赢,因为,苏格拉底说,刚才对普罗塔戈拉的反驳是开玩笑。 开玩笑式的反驳不是真实的反驳,普罗塔戈拉最后反驳了普罗狄科的反驳就不是真实的胜利。 于是,普罗塔戈拉表面上赢了,苏格拉底却实际上赢了。 在场的有些人可能听不出来,但第一场景的听众会听得出来,我们也看得出来。

四 做高贵者难

狄科兴许会说,西蒙尼德斯简直是个放纵的家伙,根本就不是科俄斯人。不过,在我看来,西蒙尼德斯在这首诗歌中究竟有什么意图,我倒乐意告诉你,[342a]如果你愿意考考——如你所说——我对这些诗句[的理解能力]如何。当然,如果你愿意,我会听你[说]。"1

听了我说的这番话,普罗塔戈拉就说:"苏格拉底,如果你愿意[就听我说]……"2 不过,普罗狄科和希琵阿

1　[施疏]似乎前面的讨论仅仅是个并不严肃认真的过门,真正的解释还没有开始。 苏格拉底没说也愿意听普罗狄科的理解,为什么呢? 实际上,普罗狄科赢了刚才的论辩,因为,苏格拉底故意忘了"成为"和"是"的区分。 普罗塔戈拉虽然表面上赢了,但这个表面的胜利成果却被西蒙尼德斯剥夺了。 因为,与先前的约定相反,本来不应该有长篇大论,这是普罗塔戈拉在前面的公审中败北的结果。 由此制定了约束性法律,这法律当然也对苏格拉底有效。 苏格拉底现在却公然无视这法律,要来一通长篇大论。 但他把自己的如此违法行为的责任转嫁到了西蒙尼德斯头上,归咎于西蒙尼德斯的不道德的观点——"德性是劣的"。

2　苏格拉底在刚才的说法中用了两个不同的"如果你愿

斯则[a5]急切怂恿[我说],其他人也如此。

苏格拉底与老派的热爱智慧者

"那么,"我说,"我就来试试向你们详述我觉得这首诗歌[说的什么]。[1] 毕竟,热爱智慧极为古老,在克里特岛和[342b]拉刻岱蒙,[2] 希腊人中这些[热爱智慧的]人

意……",前一个意味着听苏格拉底解释西蒙尼德斯的诗,后一个则意味着听普罗塔戈拉继续解释西蒙尼德斯的诗。 普罗塔戈拉的回答其实接受的是后一个"如果你愿意",但被普罗狄科和希琵阿斯阻止了。

1 [施疏]苏格拉底接下来首先谈的是热爱智慧[哲学],然后再谈西蒙尼德斯的诗,关于热爱智慧的说法夹在对西蒙尼德斯的诗的解释的中间。 对此我们需要提出两个问题:首先,苏格拉底为什么谈热爱智慧以及如何谈热爱智慧;第二,谈热爱智慧与此前和此后谈论西蒙尼德斯的诗是什么关系。 这两个问题都必须等到读完苏格拉底下面这段关于热爱智慧的说法,才能获得解答。

2 拉刻岱蒙是斯巴达的正式名称。 柏拉图的《法义》以一个雅典客人与一位克里特长老和斯巴达长老的对话来讨

最多，这世上的智术师就那儿最多。不过，他们绝不承认[自己热爱智慧]，装得无学识的样子，以免公然显得自己在智慧方面超过[别的]希腊人——就像普罗塔戈刚才说到的那些智术师们，而是让自己显得在打[b5]仗和勇敢方面超过[别的希腊人]。他们认为，要是人们知道了[他们]凭什么超过[别人]，所有人都会去练这个——也就是智慧啦。[1]

"而现在他们都隐藏这个，蒙骗诸城邦里那些追仿拉刻岱蒙生活方式的人们[2]——有些人摹仿他们，把耳朵

论礼法制度。

1　[施疏]苏格拉底解释了斯巴达的智术师们隐藏智术的原因：如果别的城邦的人都要去搞智术这玩意儿，斯巴达人的"勇敢"就不是出类拔萃了。　可是，如果斯巴达人的勇敢德性是因为他们热爱智慧，为何斯巴达的智术师们要隐藏热爱智慧，如果热爱智慧就是追求德性，岂不就是不要人们去追求德性吗？

2　[译按]原文为动词 lakōnizō [模仿拉刻岱蒙人（的衣着、言谈、生活方式）]的分词，意为"模仿拉刻岱蒙生活方式的人"，苏格拉底寓指热爱智慧者。

打得青肿，[342c]裹着拳击皮套，热爱练身，还披短衫，似乎拉刻岱蒙人就凭着这些主宰希腊人似的。而拉刻岱蒙人呢，一旦想要公开而且轻松地亲自与他们的那些[c5]智术师们聚会，厌烦悄悄聚会，他们就对这些追仿拉刻岱蒙生活方式的人们以及任何在当地逗留的外方人下逐客令，与智术师们在一起才不会让外方人发觉。

"他们还绝不许自己的年轻人[342d]去别的城邦——克里特岛人同样也不许，以免年轻人不努力去学习他们教给年轻人的东西。在这些城邦，不仅男子为自己的教养极为自豪，而且女人们也如此。[1]

"你们兴许会认识到，我[d5]说的这些是真实的，拉刻岱蒙人在热爱智慧和言辞方面受过最好的教育，其[表现]方式是：倘若有人想要与最寻常的拉刻岱蒙人在一起，就会发现，这拉刻岱蒙人在谈话中大多时候显[342e]得是个寻常人。然而，他在说到某些

---

1 [施疏]这样看来，在整个斯巴达和克里特，所谓教育就是智术教育或哲学教育，不仅男子要学，女人们也要学。在《王制》中，我们可以看到同样的话题。

要点时，就抛出简洁、凝练、值得思考的语句，像个厉害的标枪掷手。所以，与他交谈的人显得一点儿不比小孩子更好。

"总有这样的人——无论今儿还是从前，他们已经领悟到这件事情：[e5]追仿拉刻岱蒙生活方式其实指热爱智慧，而非热爱练身。[1] 他们知道，有能力谈吐这样的言语，非得[343a]是那些受过教化的人。这些人中有米利都的泰勒斯、缪提勒涅的匹塔科斯、普里厄涅的庇阿斯，还有我们的梭伦、林多斯的克勒俄布罗斯、克奈的缪松，拉刻[a5]岱蒙的喀龙据说算这些人中的

1　[施疏]苏格拉底没有给出任何支撑就作出了断言：斯巴达人真正会搞的是哲学——这话无异于是在揭秘。简洁谈吐的能力或者斯巴达式的表达风格，是深刻思想的标记。　苏格拉底似乎在向第一场景的听众传达这样的信息：所谓的智术师其实不过是"追仿拉刻岱蒙生活方式"的那类人。　他这个雅典人在雅典会被别人视为"追仿拉刻岱蒙生活方式"的那类人，因为，在民主政体中，哲学会被看做智术的同义词。　雅典的一般人搞不清楚老派哲人与新派智术师的区别。

第七位。[1] 他们都是拉刻岱蒙人［式］教育的追慕者、爱

---

[1] 传统的古希腊所谓"七贤"的名单大同小异,后世一般所谓"七贤"的最后两人没有缪松,而是科林多人佩里安德罗斯(Periander)和克里特人厄庇墨尼德斯(Epimenides),参见第欧根尼·拉尔修,《名哲言行录》1.22 – 122。 这里的七贤录里没有普罗塔戈拉,苏格拉底似乎有意避而不谈智术师的秘密传统说法。 ［施疏］苏格拉底说最后一位贤人是斯巴达人,又说七贤都是"拉刻岱蒙式教育的追慕者、爱欲者、学生",明显自相矛盾,因为斯巴达人不可能是斯巴达式教育的"追慕者"。 其实,苏格拉底列举的七贤中没谁是斯巴达人,他们是斯巴达式教育的学生才说得通。 苏格拉底提到喀龙时用了"据说",似乎是否真有其人另当别论。 如此自相矛盾的含义是,古老的贤人是秘密哲学的学生,他们的智慧有一个共同特色:出口言简意赅。 由于苏格拉底在前面坚持简短的问答式谈话,在座的人听得出来,苏格拉底的言下之意是:我才是真正的哲学的真正传人。 大立法者梭伦这位雅典人被置于七贤的中间位置,苏格拉底特别强调他与自己同为雅典人。 苏格拉底的意思是,我才是哲学传统的真正传人,但我在雅典隐藏得很好,打仗时表现得出类拔萃。 很清楚,苏格拉底与雅典民主政体不和,却能够接受这个政治制度,原因

欲者和学生,他们个个懂得[自己拥有的]智慧是这样一种[智慧]:每个人说出来的话都是简洁而又值得记住的言辞。他们甚至[343b]一起去德尔斐的神庙,把这智慧共同祭献给阿波罗,写下[后来]所有人都会唱诵的这些[箴言]:'认识你自己'和'勿过度'。¹

"我为啥要说这些呢?因为,这是前辈们热爱[b5]智慧的方式,即某种拉刻岱蒙式的简洁言辞。的确,匹塔科斯的'做高贵者难'这个说法虽然受到智者们赞许,却在私下流传。可西蒙尼德斯呢,[343c]由于在涉及智慧方面爱声誉,他知道,要是他能像个名气很大的竞技者一样颠覆这个说法,击败匹塔科斯,自己就会在当世爆得大名。正是为了这,而且为了实现这一图谋,西蒙尼德斯作

也许就在这里。 真正的哲人与"追仿拉刻岱蒙人的人们"的首要区别在于,前者遵从传统,用今天的话说是个保守主义者。 与此相反,追仿拉刻岱蒙人的人们(新派智术师)以改造传统为己任。 第二个重要差异在于,哲学传统的精神祖先既热爱智慧,也懂得何谓政治,新派哲人比如普罗塔戈拉则完全不懂何谓政治。

1　"认识你自己"是德尔斐的阿波罗神殿的著名铭文。

了[c5]这整首诗歌把[匹塔科斯的]这个说法拦腰斩断——在我看来就是如此。"1

苏格拉底辨析高贵与低劣

"我们大家不妨共同来仔细考察一下,我[刚才]说的是否真实。2 简直可以说,如果[诗人]想要说'成为好男子难'的话,诗歌的这个开头兴许就显得是疯的。

1　[施疏]这会让我们想到普罗塔戈拉,尽管他攻击西蒙尼德斯,实际上与西蒙尼德斯在这一点上一样:为了捞名声不惜与自己的前辈故意显得不同。 [译按]直到今天,这类事情仍然屡见不鲜,可见世人的品性差异不会改变。

2　[施疏]苏格拉底邀请所有在座的都来做他和普罗塔戈拉的监督者,但这与实际的监督仍然有细微差别。 苏格拉底的这句话也可以理解为,邀请在座的每一位看住他用自己手中的权力能够做什么。 如今人们想的仅仅是如何用法律来限制权力,似乎权力是个坏东西。 在苏格拉底看来,权力当然是人世间最好的东西之一,问题仅在于用这个最好的东西做什么。

[343d]所以,他插入了'一方面'。[1] 其实,插入这个显得毫无理由,除非假定,西蒙尼德斯[这样]说是为了与匹塔科斯的说辞争辩。匹塔科斯说,'做高贵者难啊',西蒙尼德斯则争[d5]辩说,'才不是呢,而是成为好男子一方面难啊,匹塔科斯哟,真的'——不是'实际上好',不是为了这个[好]他说这'真实',[2] 似乎一些人[343e]

---

1 [施疏]苏格拉底显得在竭力帮西蒙尼德斯,把他从普罗塔戈拉的攻击中解救出来。既然匹塔科斯是苏格拉底的精神祖先,苏格拉底站在匹塔科斯一边回击西蒙尼德斯的话,是自然而然的事情。苏格拉底为什么要帮西蒙尼德斯?原因可能有好些:比如出于战术上的考虑:由于普罗塔戈拉批判西蒙尼德斯,为了打败普罗塔戈拉,苏格拉底就得帮西蒙尼德斯;又比如出于道德上的考虑,那就是保护希珀克拉底。但与前面苏格拉底关于精神祖先的说法联系起来看,应该说最重要的原因是,苏格拉底对待祖先的态度与普罗塔戈拉完全不同。尽管普罗塔戈拉把西蒙尼德斯看作智术师的前辈,却以揭开智术师的身份为己任。苏格拉底则强调,所有老派智术师-哲人都隐藏自己,无论是自己的前辈还是普罗塔戈拉的前辈。

2 [译按]西蒙尼德斯用的"真的"相当于语气副词,

真的是好人,另一些好人却不是真的[如此]——毕竟,这样会显得头脑简单,西蒙尼德斯才不会这样呢。

"毋宁说,必须把诗歌中的这个'真的'设为颠倒法,也就是把匹塔科斯的说法当作前提放在前面——仿佛我们把[e5]匹塔科斯设为说者,把西蒙尼德斯设为答者——匹塔科斯说,'世人啊,做高贵者难哦',西蒙尼德斯则[344a]回答,'匹塔科斯呀,你没说真实。毕竟,并非是好男子难,毋宁说,一方面,成为好男子,手、脚、心智都方方正正,无可挑剔,才真的难'。1 这样,[a5]插入'一方面'以及把

从而是个虚词,苏格拉底把它解释为实词(名词)用法。言下之意,西蒙尼德斯的意思是并没有"真实的好"这种品质本身。

1 [施疏]苏格拉底偷偷拿回了简短问答这一所谓拉刻岱蒙风格:匹塔科斯问、西蒙尼德斯答,让我们很容易与苏格拉底问、普罗塔戈拉答对应起来。 苏格拉底的如此做法显然带有反讽意味,因为,匹塔科斯是苏格拉底的前辈,西蒙尼德斯是普罗塔戈拉的前辈。 苏格拉底把所谓拉刻岱蒙风格用在了两位前人身上:匹塔科斯问、西蒙尼德斯答——如此问答等于是苏格拉底问、普罗塔戈拉答。 通过虚拟的对话,苏格拉

四 做高贵者难

'真的'正确地摆在最后,才显得有理由。整个下文都会证实这一点,[诗歌]所说的就是如此。

"这首诗歌中所说的每一处[344b]都有许多东西,凡此表明,这诗歌作得妙,非常优雅、精巧。不过,这样子细说会太费事儿。我们不妨细说一下它的整个轮廓和意图。通过这整首诗歌,[西蒙尼德斯][b5]几乎处处是在反驳匹塔科斯的说辞。毕竟,在述说过一丁点儿之后,他就仿佛在说道理似地说道,成为好男子难,真的;不过,其实在某段时间[成为好男子]还是可能的。可是,成了之后,要保持[344c]这样一种习惯,是个好男子,如你所说,匹塔科斯哟,才没可能,这不是属人的[能力],唯有神兴许才会有这奖赏,可是,

男子汉嘛,没法不是低劣的人,[1]

底不仅化解了表面上得维护西蒙尼德斯而不得维护匹塔科斯的困境,还让在场的人想起苏格拉底与普罗塔戈拉谈话时用过的同样手法,尤其希珀克拉底会想起苏格拉底与他谈话时的相同手法。

1 [译按]"低劣的人"这里指没有技艺能力、做事情总是失败的人。

[c5][一旦]让人束手无策的厄运击垮他。

"统领航船时,不可抗拒的厄运击垮的是谁呢?明显不会是个常人,毕竟,这个常人总是已经被击垮。正如没谁会击倒一个已经趴下的人,倒是会击倒曾几何时站立着的人,使他趴下,而非使一个[已经]趴[344d]下的人趴下。同样,不可抗拒的厄运击倒的乃是那个曾几何时善于搞设计发明的人,而非从没能力搞设计发明的人。[1] 一场大风暴突袭航船舵手,会使得他失去掌控能力,庄稼汉会被突来的恶劣天气搞得束手无策,[d5]医生[也会遇到]同样的事情。[2]

---

1 [译按]"善于搞设计发明"显然需要有技艺能力,苏格拉底影射普罗塔戈拉以为凭自己的技艺能力无所不能,还发明了"政治术"。

2 [施疏]这三个例子表明,唯有专业人士会被击倒,或者说有某种专业能力的人会被击倒。常人没有专业能力,也就谈不上被击倒,或者说压根儿没有被击倒的能力,这就把所谓"劣人"限制在非常人的范围内。击倒专业人士的是气候,气候喻指偶然机运。这意味着,专业技术没法彻底掌

"所以,一个高贵的人也有可能成为低劣的人,就像另一位诗人所证实的那样,他说:'即便好男子也有时低劣,有时高贵。'[1] [344e] 可是,对低劣的人来说,并非有可能变得低劣,毋宁说,他被迫从来就是[低劣的人]。所以,既然不可掌控的厄运击倒的是善于搞设计发明且有智慧的好人,[他]就'没可能不是低劣的人'。

"可是,你呢,匹塔科斯啊,却说'是高贵者难'。[2]

控、征服自然。因此,这里的"厄运"指专业技能上的"失败",所谓"劣人"指专业能力上的力所不及,而非道德品质上的"劣"。舵手、农夫、医生的技艺有限,不等于他们在为人的道德品格有问题。医生做手术失败,不等于他在德性上有问题。通过这种解释,苏格拉底恢复了他在前面首先提出的理解:西蒙尼德斯的意思是"难"等于"劣",或者说"难"是一种"劣"(麻烦或不易)。这是否在暗示,普罗塔戈拉自诩的传授德性的能力也受偶然机运影响或掌控呢?

1　此句出处不详,"低劣"和"高贵"在这里具有政治含义。色诺芬在《回忆苏格拉底》(1.2.20)引用过这一行。

2　[施疏]这等于说,一个人的劣不是气候之类的因素造成的。苏格拉底引用别的诗人的句子然后给出解释的这一

[e5]其实啊,成为高贵者虽难却有可能,是高贵者则没可能。

(10)毕竟,[若走运]事情做得佳,个个都是好男子,

但若[事情]做得低劣,就是低劣的人。

[345a]"那么,涉及语文的话,什么是好的行为呢?什么使得一个人在语文方面算好呢?显然是学习语文。[1] 很好地做什么才造就一个好医生呢?显然是学习

说法听起来与前面的论证相悖:因为,前面说的"劣"指有技艺知识的人也有束手无策的时候,这不等于他的道德品质"劣"。 通过这里的解释,苏格拉底进一步展示了前面的第一项论证中的关键要点:机运或偶然的处境对一个"善于设计、智慧且好的人"的限制。 即便他强有力、做得好,也会有力所不及的时候。 这意味着揭示了西蒙尼德斯故意混淆的一个重大差异:机运限制了一个人发挥自己的专业技艺能力与限制一个人的道德能力是两回事。

1　[施疏]既然苏格拉底谈到语文学习,也就是所谓德性教育,那么可以说,苏格拉底暗示出这样的看法:德性是知识,"劣"意味着缺乏知识。 按苏格拉底的解释,西蒙尼德斯

四 做高贵者难

如何医病。'做得低劣,就是低劣的人。'那么,谁[a5]会成为劣医呢?显然,这人首先得尝试做医生,然后才会是好医生,毕竟,[这好医生]也可能会成为劣医。我们这些常人不通医道,[即便]做得低劣也绝不会[是]劣医或劣工匠或[345b]其他诸如此类的[匠人]。即便有谁做得低劣也不会成为医生,显然是因为,并没有劣医。

"同样,好人也会一时变低劣,要么因为时间长,要么因为辛苦,要么因为害病或其他什么不幸——[b5]毕竟,知识被剥夺,才是唯一的低劣行为。但低劣的男人就绝不会成为低劣的,因为他从来就是[低劣的];倘若他会成为低劣的人,必须先成为好人才行。[1] 所以,这首诗

将德性等同于知识,或者将缺德等同于无知。 但西蒙尼德斯的诗句至少字面上并不包含这样的意思,而是苏格拉底通过举例(舵手、农夫、医生)解释出来的意思。 换言之,苏格拉底看起来是在解释西蒙尼德斯的诗,实际上是在暗中攻击普罗塔戈拉。

1　[施疏]从字面上看,苏格拉底是在解释西蒙尼德斯,暗中却是在攻击普罗塔戈拉的德性可教的观点:既然德性是知识,那么,有的人就没法拥有这样的知识,即便教育也无

歌的这一部分趋向的是这一点,[345c]做好人没可能,即没可能一直好,但可能成为好人,当然,这同一个人也可能成为低劣的。大多时候都优秀的人,是那些神们喜爱的人。"

揭发诗人西蒙尼德斯

"所有这些都是针对匹塔科斯说的,1 [c5]这首诗

能为力,从而并非对所有人来说德性是可教的。 这里给出的人的类型的例证意味着:有的人低劣,是因为缺乏知识,是出于无知,显然,这里的缺乏知识指的是德性知识,与前面说的人的类型(舵手、农夫、医生)不同,他们有知识却没法在任何情况下把事情做好,所谓有知识指的是专业知识。 可以说,苏格拉底借助解释西蒙尼德斯所谓没可能一直做好人的说法,暗中引出朽木不可雕的道理,以此打击普罗塔戈拉。

1　[施疏]苏格拉底结束了对西蒙尼德斯所谓不可能做一个好男子的说法的解释,这里的关键是道德行为的好劣与做事能力的好劣在表面上的混淆和暗中的区分。 表面上的混淆是西蒙尼德斯搞的,苏格拉底的解释暗中揭示了两者的区分,但没有捅穿。 现在我们有了一个谜:为什么西蒙尼德斯会混

歌接下来说的更清楚地表明了这一点。他说：

> 正因为如此，我决不去寻求，
> (15) 没可能的这种成为，白白地
> 把我一生的命扔进不切实际的希望，
> [寻找]方方面面无可指责的人，
> 他摘取丰硕大地的[c10]生果；
> (20) 倘若找到[他]，我会告诉你们。

[345d]"他这样子说。整首诗歌从头到尾就这样激烈攻击匹塔科斯的所言。

> 我倒是愿意称赞并喜爱所有人，
> 无论谁，只要他不做
> [d5]一点儿丑事；即便神们也不
> 与必然斗。[1]

淆两种不同的好劣？难道他不知道这是两回事？或者说，难道他无知吗？苏格拉底会给我们揭开这个谜。

1　[施疏]所谓"必然"其实就是"自然"；说人的命运依赖于必然等于说人的命运依赖于"自然"。前面的所谓

"这也是针对这一点本身而说的。西蒙尼德斯不至于如此没教养到会说,他称赞不会愿意做低劣的事的人,似乎有些人会愿意做低劣的事。毕竟,我宁可认为是这个[意思]:没有哪个[345e]智慧人会以为,有什么人愿意犯错,或者愿意做丑事或低劣的事;他们清楚地知道,

---

"神们"等于机运,"必然"却不等于机运,而是高于机运,需要凭靠"必然"才能做成的事情不等于需要凭靠机运才能做成的事情。 严格来讲,机运这个语词的含义相当模糊含混,根据苏格拉底在前面的解释,所谓"机运"首先针对的是技艺(舵手、农夫、医生),或者说,不能靠技艺来保障的事情,就得靠机运。 比如,你要种植一种花,一定会按照种植这种花的规则来做。 但即便你掌握了种植规则而且照做了,却没法掌控气候。 气候属于自然的事情,天气预报也只能预报短期的气候变化,没可能长期预报。 因此,西蒙尼德斯关于必然的说法,是基于前面关于机运的说法的进一步推进。 如此推进意味着什么? 在荷马史诗和肃剧中,我们可以看到一个重大主题:不仅人甚至神也无法抗拒必然。 但所谓人和诸神都无法抗拒必然引出的是虔敬问题。 从而,"神们也不与必然斗"的说法应该引出的是虔敬,而虔敬是一种德性,德性是一种意愿行为。

所有做丑事和低劣的事的人都是不情愿地做的。1

1　[施疏] 根据前面的第二项论证，做低劣的事可以归咎于无学识，因为，缺乏德性根本上就是无学识。我们记得，这种做低劣的事与第一项论证有所不同：船手、农夫、医生或其他技艺行业者遇上自己的技艺应付不了的情形，他们的行为至多可以称为过失，过失当然是一种低劣。

但谁都会有过失，一个好人也会时不时做事情低劣。总之，前面的两项论证实际上区分了两类不同的人：一类人把事情做得低劣，是因为遇到没法掌控的局面；一类人把事情做得低劣，是因为这类人从来没有好好学习最基本的正确行为方式，要说这类人简直就没法生活，也是夸大其词。西蒙尼德斯的说法的要害是：没有谁总是把事情做得很好，但他故意模糊事情做得不好有各种各样的类型。

西蒙尼德斯由此引出的结论是：自愿做低劣的事可以理解或者说可以原谅。前面的两个论证为此结论作的铺垫是：专业人士做事低劣（有过失），你没法责备他，因为他没法支配意外；非专业人士做事低劣，你没法责备他，因为他缺乏必要的知识。但这两种情形实际上与自愿做事情低劣是两回事。

"因此,西蒙尼德斯并非是说,[e5]他称赞那不愿意做低劣的事的人,毋宁说,这个'愿意'是就他自己说的。因为他以为,一个[本来]既美又好的男人可能常常强迫自己成为某人的朋友和称[346a]赞者[去喜爱和称赞他]——就像一个男人常常遇到的情形:他有乖戾的母亲或父亲或父邦或诸如此类别的什么。

"拙劣的人一旦遇上这类事情,看上去仿佛喜滋滋的,[不停]谴责、揭露、[a5]指控自己的父母或父邦的拙劣,以免世人指控他们无视自己父母或父邦的拙劣,或者由于他们无视这些拙劣而责骂他们,于是,他们更起劲地谴责,给不得不为之的事情添加自愿的[346b]敌视。

"可好人呢,则掩藏自己[的看法],强制自己称赞[父母或父邦],即便受到自己的父母或父邦的不义对待而愤愤不已,他们也自己消气,自己化解,强制自己去

由此来看,苏格拉底说"我宁可认为,没有哪个智识人会以为,有什么人自愿犯错,或者自愿做丑事、低劣的事"是反讽,因为,并非无学识而是堪称"智识人"的西蒙尼德斯自己就自愿做丑事、低劣的事。

[b5]爱、去称赞属于自己的所有。[1]

"所以我认为啊,西蒙尼德斯常常在想,他自己曾经称赞和歌颂过一个僭主或别的这类人,并非情愿,而是被迫[为之]。当然咯,他还对匹塔科斯说了[下面]这些:[346c] '匹

---

1 [施疏]这是苏格拉底在这段解释中举的第三个例子,与前两个事情做得劣的例子相反,这个例子是做事很好。但与前两个例子相同的是:舵手、农夫、医生的行为受"机运"支配,说到底是受"必然"支配,常人则受无学识的"必然"支配,这里的"迫使自己去称赞父母或父邦"同样受"必然"支配,只不过是受自我强制的支配。前两种"必然"的含义可以说是自然,这里的必然的含义则是礼法。十分明显,与前面举的舵手、农夫、医生的例子不同,这里说到的"好人"不是专业技能上的"好",而是道德行为上的"好"。不仅如此,我们不能忽略这里的具体情境:这个例子涉及的是血亲关系和个人与祖国的关系,类似于亚里士多德所说的三种友爱中的第一类和第三类。总之,这个例子与前两个例子相比非常独特:这个人是有所知地做事得体,却不是自愿地做的,从而也不是欣喜地做的。苏格拉底让我们看到,一个好的行为不一定是令人愉快的行为。

塔科斯啊,我责备你可不是因为我好挑剔,毕竟:

(25) 我觉得已经够喽,谁只要不低劣,
或不是太过没出息,多少
懂得有益于城邦的正义,为人[c5]通达。
我不会指责[他];
我可不是好责备的人;
(30) 毕竟,一代代蠢人不可数。

"'所以,如果有谁喜欢责备,就让他去满足自己的责[c10]备吧:

所有东西都美着呢,并没有羼杂丑的东西。'

[346d]"他说这[话]并非好像他说所有东西都洁白,不夹杂黑色——否则就未免方方面面都可笑;[这话的意思]毋宁是,他他自己接受中不溜的东西,以免责备它们。'我决不去寻求,'他说,'方方面面无可指责的人,他摘取[d5]丰硕大地的生果;倘若找到[他],我会告诉你们。'——正因为如此,我才谁都不称赞。对我来说,谁

要是中不溜,不做低劣的事,就已经满足喽,所以,'我喜爱并称赞所有人'——在这里他用了[346e]缪提勒涅[方言]的音调儿。¹ 因为,他冲着匹塔科斯说:'我愿意称赞并喜爱所有人'——这儿的'愿意'之后必须断句——'无论谁,只要他不做丑事。'² 当然,我并不愿意称赞和喜爱有些人。至于你呢,即便中不溜地[347a]说了些恰切和真实的[事情],匹塔科斯,我也绝不会责备你。可是,你眼下竟然就最最崇高的事情讲假话,尽管你显得说的是真实,正因为如此,我要责备你。在我看来,普罗狄科和普罗塔戈拉,"我说,"这些就是西蒙尼德斯[a5]作这首诗歌的用意所在。"

[施疏]苏格拉底再次提到西蒙尼德斯与匹塔科斯的对立,并戏仿西蒙尼德斯对匹塔科斯说话的口吻说了

1　"用了缪提勒涅音调儿"指"称赞"这个语词,苏格拉底故意对这个词发音滑稽。

2　[译按]与汉语语序不同,"愿意"这个副词在原文中的位置后置,因此苏格拉底说这里应该断句,否则,"愿意"这个副词就当理解为属于随后的关系从句。

一番话。这段戏仿之言极其含混、自相矛盾,但如果反复细嚼这番戏言,我们可以读出其中的严肃成分。这话的基本意思涉及的是讲假话:西蒙尼德斯认为自己讲假话可以原谅,匹塔科斯讲假话则应该受到责备。如果这时我们回想起前面苏格拉底说到智术师传统的那段说法,我们就可以明白:虽然讲假话是古老的哲学传统,西蒙尼德斯这个近人与匹塔科斯这个古人有天壤之别。

结束长篇独白时,苏格拉底仅仅对普罗狄科和普罗塔戈拉说,这就是"西蒙尼德斯作这首诗的用意所在",似乎这段实际上涉及掩藏和讲假话的长篇演说仅仅是对他们两人说的。这无异于在暗示,其中三段节外生枝的话是特别说给他们两人听的。

五　辨识勇敢德性

[题解]现在我们对整篇作品的结构有了清楚把握:普罗塔戈拉讲完普罗米修斯神话和随后的长篇大论后,苏格拉底对普罗塔戈拉提出了辩难。然后场景第一次突转,在场的听者发生争执,由此引出对西蒙尼德斯诗句的解释。现在是第二次场景突转,在场听者再次产生分歧,然后引出苏格拉底对普罗塔戈拉的第二次辩难。

我们看到,由于苏格拉底结束时仅仅提到普罗塔戈拉和普罗狄科的名字,自认为是大家的希琵阿斯感觉自己被晾在了一边。他装模作样称赞了苏格拉底一番,之后马上说,他也愿意说说自己的看法。看来他心有不甘,要表现自己的冲动十分强烈……阿尔喀比亚德毫不客气地以先前的民主约定为由阻止了希琵阿斯。

希琵阿斯说:"苏格拉底,我觉得你对这首诗歌所作的解说很好哇;不过嘛,"他说,[347b]"我自己对此也有好的说法,要是你们愿意[听]的话,我会展示给你们。"

于是阿尔喀比亚德说:"当然咯,希琵阿斯,不过下次吧,这会儿[做]普罗塔戈拉和[b5]苏格拉底相互约定的[事情]才正义:要是普罗塔戈拉仍然愿意问就问,苏格拉底回答;要不然,如果普罗塔戈拉愿意就来回答,苏格拉底会来问。"1

1　[施疏]阿尔喀比亚德出面阻拦显得有理有据,似乎行的是正义之举,实际上他僭取了主席的位置。他言辞委婉、态度强硬地要希琵阿斯闭嘴,但没有谁给过他这个权威。阿尔喀比亚德对苏格拉底的爱欲,兴许是他如此行为的真正动机。当然,阿尔喀比亚德做得非常聪明,他让自己显得有理有据,但毕竟做得不正义,因为这有可能会导致骚乱。如果与苏格拉底在前面的行为比较,可以看到,阿尔喀比亚德的行为看起来正义,实质上不正义,苏格拉底看起来不正义,实质上正义。我们当注意一点:第三场景中出场的人物中,唯有阿尔喀比亚德和普罗塔戈拉是第一场景中提到的人物。从

五　辨识勇敢德性

追寻德性

我当时说:"我嘛,就让给普罗塔戈拉[去选]他更乐意哪一种。不过,如果他愿意的话,关于诗歌和[347c]诗句,我们就让它们去吧,关于我最初问你的,普罗塔戈拉,我倒乐意与你一起来探究一番,以便有个了结。[1]

"我觉得,聚在一起谈论关于作诗的事情,简直就像低俗的市井之[c5]人的饮酒场合。由于缺乏教养,这些人没能力凭自己相互聚在一起,喝酒时没有属于自己的

而,阿尔喀比亚德在整篇对话中的意义,是结构性的。

1　[施疏]这话前半截是直接对第一场景的听众说的。苏格拉底让第一场景的听众清楚,普罗塔戈拉已经问够了,正如当初苏格拉底问普罗塔戈拉已经问够了。 苏格拉底已经向第一场景的听众表明,他让普罗塔戈拉在两种不利或恶之间选择,普罗塔戈拉的表现表明,他并不知道哪个不利或恶更大,哪个不利或恶更小。 普罗塔戈拉自诩是个善于出主意的德性教师,现在,无论第三场景的听众还是第一场景的听众都看到,普罗塔戈拉是个吹牛客。 苏格拉底随后对普罗塔戈拉的称呼从"他"转为"你",又进入叙事。

声音[347d]和属于自己的言辞,便搞来昂贵的吹簧管女,花大价钱租用不属于自己的簧管的声音,靠这些声音来让[自己]相互聚在一起。¹ 凡饮酒者是既美且好的人[的场合],都受过教育,你就不会看到簧管女、舞女或抚琴女,他们自己聚在一起就足够啦,没有这些瞎闹和[d5]小孩子气,整个儿是属于自己的声音,发言和倾听各自有序地轮着来,即便他们也[347e]大饮特饮。

"如此一来,这样一类聚谈倘若是由这样的人——我们中的多数人都说自己是这类男人——来搞的话,根本无需外人的声音,甚至无需诗人[的声音]。诗人们说的什么,其实没可能问出个名堂来。多数人说话引用[e5]

---

1 [施疏]苏格拉底现在说话不那么客气了,不再像先前那样对普罗塔戈拉有话不直说,而是直截了当地、坦诚地贬责普罗塔戈拉建议的谈论诗的话题档次太低,这无异于当众贬低大名鼎鼎的普罗塔戈拉档次太低。 在证明对没有智识的统治者不可能坦诚以后,苏格拉底自己变得完全对普罗塔戈拉坦诚,既然普罗塔戈拉在任何意义上都不能说是个统治者,苏格拉底对他坦诚就并不是不节制的。 反过来看,苏格拉底如此直截了当的贬责,也表明他并非不懂得坦诚或在任何情况下都不坦诚。

五　辨识勇敢德性

诗人的时候，一些人说这诗人是这些个意思，另一些人则说是那些个意思，就这些事情争来辩去，始终不能得出结论。1 可他们[既美且好的人]呢，干脆让这类聚谈[348a]靠边儿去，凭自己的东西自己在一起聚谈，用属于自己的言辞提出和接受互相检验。

"正是这样的人，我觉得，我——尤其你应该模仿，而非[模仿那些低俗的人]，让诗人们靠边儿去，凭我们自己的东西[a5]相互立言，检验真理和属于我们自己的东西。如果你还想问，我仍旧让自己回答你；不过，要是你愿意，你就让我，使我们停在中途的[话题]进行下去，以便有个了结。"2

1　[施疏]苏格拉底的说法听起来像是在攻击诗歌诠释本身，似乎诗歌诠释本身就不咋地。 苏格拉底为什么要这样说呢？ 想要彻底断掉普罗塔戈拉的退路，不给他留下最后的躲避之处吗？ 我们看到，苏格拉底建议回到他最初向普罗塔戈拉发难时问的问题，这的确就成功地抛弃了普罗塔戈拉提出的话题。

2　[施疏]从结构上讲，这里开始的是整篇作品中的最后一场对话。 我们可以设想，最后一场对话基于一个假定：

[348b]我说了这些以及其他类似的事情后,普罗塔戈拉却不肯明白表示他究竟要做哪一样。这时,阿尔喀比亚德瞟了卡利阿斯一眼说道:"卡利阿斯呀,"他说,"普罗塔戈拉这会儿不愿[表示]给个说法还是[b5]不给,你觉得他做得美吗?我可不觉得[他做得美]。要么让他讨论下去,要么让他说[自己]不想讨论,这样我们才会知道,而苏格拉底或别的哪个人——只要他愿意的话——可以同另一个人讨论。"1

五种德性有四种得到了证明,剩下的唯有勇敢德性需要探究,以便就德性的统一性得出一个结论。具体来讲,如果其他四种德性都已经被证明相互不可分离的话,那么,勇敢德性也不会是例外。问题在于:勇敢与其他四种德性的相互关系为什么更为特别。苏格拉底建议换个话题,并非仅仅是回到自己先前提出的问题,而是重新提出自己的问题,引出新的讨论。

1 [施疏]现在值得我们来考虑,从整篇对话的结构来看,阿尔喀比亚德这个角色的含义是什么。在第一场景一开场,苏格拉底的友伴就说到阿尔喀比亚德与苏格拉底的暧昧关系。可以说,这篇对话以阿尔喀比亚德与苏格拉底的特殊关系这个话题开头绝非偶然,因为阿尔喀比亚德是政治上有争议

五　辨识勇敢德性

[348c]阿尔喀比亚德说了这些后,我当时觉得,普罗

的人物。这样的开场给出了戏剧场景的确定性质:有政治抱负的血性青年与哲人(苏格拉底和普罗塔戈拉)的关系是个政治哲学问题。

在第二场景中,苏格拉底对希珀克拉底的个性的描述,让我们感到他与阿尔喀比亚德有某种相似:热情、勇敢、有向上的企求。但第一场景的听众熟知阿尔喀比亚德,他们能感觉到,苏格拉底描绘的希珀克拉底与阿尔喀比亚德在天性上仍然有某种差异。

尽管如此,如果说居中的第二场景是这篇对话的枢纽,苏格拉底为了希珀克拉底去见普罗塔戈拉决定了第三场景的性质,那么,苏格拉底与阿尔喀比亚德的关系也隐含在这个枢纽之中。

在第三场景开头,我们看到,阿尔喀比亚德紧跟着苏格拉底和希珀克拉底走进卡利阿斯的院子,让当时已经在场的人以为他们是约好一起来的。这意味着,人们分不清阿尔喀比亚德和希珀克拉底,以为他们都是苏格拉底的追随者。苏格拉底在向普罗塔戈拉介绍希珀克拉底时,强调了他的政治抱负,这就让人们以为他与阿尔喀比亚德是一类人。

可是,在第三场景中,我们没有见到希珀克拉底有任何表现,相反,阿尔喀比亚德则有两次表现。第一次是在民主式

塔戈拉感到羞耻,加上卡利阿斯和几乎所有在场者纷纷请求,他勉强让自己讨论下去,催我问他[问题],他好回答。

[c5]但是我说:"普罗塔戈拉啊,可别以为我同你讨论是因为有别的什么用意,我每次都是自己有困惑,才来探究这些事情。我认为,荷马[的这句诗]肯定说了点什么:[348d]'两人一起同行,总有一个先想明白。'[1] 毕竟,我们这些世人在做事、说话和思考[有困惑]时总会更能找到出路;'要是单单一个人在动脑筋',[2] 他马上四

的诉讼戏中的表现,他显得非常符合民主政治的要求。 现在是第二次,但他现在的表现像个僭主。 两次表现勾勒的形象草图是:阿尔喀比亚德连接了民主制向僭主制的转变。 这让我们想起柏拉图在《王制》中所处理的政体更迭顺序:民主制的结果是僭主制。 由此来看,苏格拉底与普罗塔戈拉之间的论争与阿尔喀比亚德的如此转变的关系,颇耐人寻味。

1　荷马,《伊利亚特》10.224,《会饮》174d 也引(或错引)了这句诗。

2　荷马,《伊利亚特》10.226。 这两句诗的原文语境是,涅斯托尔问众将领是否有谁敢冒险前往特洛亚人大宿营地打探敌情。 各位将领都不吭声,唯有狄俄墨德斯说:"涅斯托

五　辨识勇敢德性

处走寻,不停地找,直到遇上[有个人]指点,并[d5]一起搞清楚。所以,我很高兴同你而非同别的谁讨论,不过是因为我认为,在探究[348e]适合一个出类拔萃的人探究的各种事情上,你最优秀,尤其在德性方面。

"毕竟,有谁赶得过你啊,你自己当自己是个既美且好的人,就像其他认为自己是出类拔萃者的某些人那样,但这些人不能造就别人如此啊;你不仅自己是好人,还[e5]有能力造就别人[成为]好人。于是,你对自己充满自信,别人要隐[349a]藏这门技艺,你却公开宣称自己,在所有希腊人面前称自己是智术师,显示自己是一个[教]教养和德性的教师,还第一个想到值得为此收取学费。因此,我叫住[a5]你探究这些事情,问问题、一起交流,难道不是必须的么?非如此不可啊。"

尔,我的心灵和勇气鼓励我/前往不远的敌人特洛亚人的军营;要是有人愿意和我同去,我会更高兴,/也会更有信心。两个人一起行走,/每个人都出主意,对事情更有利;/如果只是一个人拿主意,智慧显然会/简单肤浅,做决定也会犹豫迟疑。"(王焕生译文)

从头问起

"这会儿呢,我欲求通过你来重新回忆开头我首先问你的那些东西,然后给[我们的]考察添加另一些东西。当时问的,[349b]我想,是这样一个问题:智慧、节制、勇敢、正义和虔敬,这五种名称涉及的是一件事情,[1] 抑或每个这样的名称各有某种属己的所是,[2] 各是一回事情,

---

1　[施疏]与第一次列举(329c – 330b)不同,节制与正义调换了位置,或者说,节制占据了正义的位置。这意味着,在苏格拉底看来,节制与正义可以互换。我们需要理解,两者可以互换意味着什么。

2　[施疏]"所是"(οὐσία)这个希腊文语词后来经拉丁文的翻译衍化为如今的 substance,按希腊文的字面来翻译,就是在或在性(being or beingness)。前一次说到德性时,苏格拉底没有用到这样的语词。在第一次问难(329d – e)时,苏格拉底提出的问题暗含:各种德性是否会在如下意义上不是各部分,即种(species)、形相(ideas)是属(genus)的各部分。比如,圆与方是几何图形这个属的种,狗是动物[这个属]

各有[b5]自己的作用力,它们的这一个都与那一个不同?

"你当时说,它们并非一件事情的名称,毋宁说,[349c]这些名称的每个都基于一个属己的事情,所有这些事情乃是德性的部分,但不是像金子的各部分那样彼此相同、整体之与部分相同,而是像脸的各部分那样,与各部分所属的整体不同,[c5]彼此之间亦不相同,每部分各有属己的能力。要是这些在你看来仍如当初[你说的]那样,就说是;但要是有些不同了,就区分这[不同],反正如果你这会儿说得不同我不会给你记上一笔账。毕竟,如果你[要说]当时说的这些不过是为了考[349d]考我,我不会感到惊讶。"[1]

的种。 现在,苏格拉底删掉了这个问题,或者说再没有从这种思考方向提问。 但通过"各有自己确定的所是"这个说法,苏格拉底仍然暗示了类似的思考方向。 需要注意,οὐσία 在柏拉图笔下经常与 ideas 是同义词。

1 　[施疏]这种说法字面上是玩笑,实际上严肃。 苏格拉底提出的这个选择当然是要考普罗塔戈拉,但他却说是普罗塔戈拉考他。 另一方面,这一选择同时也是要考考在场的其他人,但苏格拉底却把别人面的考题说成普罗塔戈拉出的考题,

"可是,我要对你说,苏格拉底,"普罗塔戈拉说,"所有这些都是德性的部分,其中四种多多少少相互相像,但勇敢与所有这些都差别极大。你会认识到,我讲[下面]这样的话,说的是真实:你会发现,世人中的多数人极不正义、不虔敬、不节制、没学识,却[d5]极为出众地勇敢。"[1]

这是奥德修斯式的瞒天过海技法。 柏拉图让我们看到,苏格拉底的确在扮演奥德修斯。 在讨论西蒙尼德斯的诗时,苏格拉底就以这种方式考问过普罗狄科,当普罗狄科正儿八经给出一个确定说法,苏格拉底却说,普罗狄科的说法没有意义,因为他仅仅是搞笑(340d)。 在苏格拉底那里,搞笑与考问经常是一回事。

[1] [施疏]普罗塔戈拉提出了勇敢德性的独特性问题,这是苏格拉底逼出来的。 换言之,正因为普罗塔戈拉对德性各部分的关系的解释都不够好,勇敢才成为一个独立的问题。这篇对话的所有困难都集中在最后这一节,这里讨论的主题是勇敢及其与智慧的关系:智慧是否等于勇敢。 为了更好地理解这一节,值得关注三个问题,或者说得面对三个困难。 首先,苏格拉底为什么要单独探讨勇敢德性。 第二,在解释西蒙尼德斯的诗时,苏格拉底最后以子为父隐为例论证了一个观点:好的事情不等于愉快的事情。 苏格拉底现在试图证明勇

勇敢与知识

[349e]"且慢,"我说,"你说的确实值得考察一下。你是说,勇敢就是大胆,还是什么?"

"甚至还急切地冲着多数人所恐惧的而去。"他说。

"行啊,你说德性是美的东西吧,所以[e5]你才让自己做一个[教]这种美的东西的教师?"

"再美不过,"他说,"不然我就疯了。"1

敢与智慧的同一以此为前提,为什么苏格拉底要基于这样一个前提来证明勇敢与智慧的同一。 第三,普罗塔戈拉和其他许多人都不接受这一前提。 在最后这段对话中,苏格拉底建立起了这个前提,为什么苏格拉底要把这个前提向许多人提出来?

1 [施疏]在讲完普罗米修斯神话之后开始长篇演说之前(323a–b),普罗塔戈拉关于何谓"疯"有过一番说法:如果有人本来并不拥有某种技能却说自己精于某种技能,就会被当作疯了;若一个人在涉及正义或其他政治德性时明知自己不正义却说实话,同样会被看作疯了。 如果没疯的人在政治德性方面绝不会说实话,那么,普罗塔戈拉说德性是高贵的东西,算真话还是假话? 说德性是高贵的东西显然是真话,但

"是不是,"我说,"德性的这一点儿丑,那一点儿美,抑或整个儿都美?"

"整个儿都美啊,美得没治啦。"

"那么你知道吗,谁[350a]够胆儿潜进井里?"1

"我知道,潜水夫。"

"[够胆儿是]因为他们[在这方面]有知识,还是因为别的什么?"

"因为有知识。"

"谁够胆儿骑着马打仗?会骑马的还是不会骑的?"

"会骑的。"

"谁[a5]够胆儿[打仗时拿]轻盾?会用轻盾的还是不会用轻盾的?"2

说这真话的人显然并不意味着自己疯了。可是,按普罗塔戈拉对"疯"的解释,这说法并非必然不真。无论如何,这让我们会想到普罗塔戈拉宣称自己的特性在于坦诚,或者说,坦诚问题暗中隐含在眼下关于勇敢的对话之中。

1　雅典人在夏天习惯把食物放进罐子密封沉入水井起冷藏作用,潜水夫的职业是下井把这些罐子捞上来。

2　轻型盾没有镶边,不加皮带,轻型步兵用([译按]

五 辨识勇敢德性

"会用轻盾的。其他所有事情[都这样],倘若你要寻求的是这个,"他说,"有知识的比没知识的更胆大,他们自己[350b]一旦学习就比学习之前更胆大。"

"可是你已经看到,"我说,"有些人在所有这些事情上并没知识,却对这些事情每一件都胆儿大?"[1]

"我嘛,"他说,"的确倒是见过,不过[这些人]胆子也太大了些。"

"那么这些胆大的人就是勇敢的人?"

[b5]"哪里啊,"他说,"那样的话,勇敢就会是丑的东西啦,因为这些人疯了。"

"可是,"我说,"你怎么说勇敢的人?他们不就是胆儿大吗?"

"现在嘛,[我]还是[这说法]。"他说。

又译作"新月形小盾")。

1　[施疏] 苏格拉底在举例问胆儿大与知识的关系时,提到的都是实践技艺的知识,没有涉及真正属于智慧的知识,这意味着普罗塔戈拉没有区分真正的智慧与技艺性的知识。 实际上,普罗塔戈拉在长篇演说开初就把两者混淆起来,如果说当时的混淆是为了逃避政治不正确,现在的混淆就没有理由了。

[350c]"可是,如此胆大的人,"我说,"岂不显得他们不是勇敢的人,而是疯了么? 再说,那些最有智慧的人不就是最胆大的人,最胆大的人不就是最勇敢的人?¹ 按照这个说法,智慧就[c5]会是勇敢喽?" ²

---

1 [施疏]苏格拉底的整个这段提问带有反讽意味——所谓反讽意味指的不是明知故问,而是故意隐含逻辑错误。 潜水夫敢于潜到水底是因为他有专业知识,清楚知道自己潜入水底并无危险,这样的行为其实算不上勇敢。 日常含义的所谓勇敢指的是敢于面对自己无从把握的危险。 一个人越有专业知识,越不会贸然去面对一个危险。 因此,我们值得问:有单纯的勇敢吗? 在《斐多》结尾,我们看到苏格拉底面对死亡时的勇敢,我们在生活中很少见到有谁这样勇敢。 这种勇敢同样不是单纯的勇敢,而是基于一种知识的勇敢,只不过这种知识不是专业技艺性的知识,而是一种智慧性的知识。按色诺芬的记载,苏格拉底提到的德性清单有两个,其中都没有勇敢——这意味着,勇敢是一个含混的德性。

2 [施疏]的确不能说智慧等于勇敢。 比如,面对僭主及其权力,是一个有智慧的人得面对的最为危险的事情。 如果是西蒙尼德斯,他会说,有智慧的人得调整自己(346b),不会去面

五　辨识勇敢德性

"我当时说的和回答你的话,苏格拉底,你回忆得不漂亮,"他说,"当时你问我勇敢的人是不是胆儿大的人,我确实同意过[是]。可是,胆儿大的人是不是勇敢的人,可没问过我啊。要是你当时问我,我就会说,[350d]并非所有[胆大]的人[都是勇敢的人]。至于说到勇敢的人并非就是胆儿大的人,你也一点儿没有表明,我的这同意[勇敢的人是胆大的人]同意得不正确。

"进一步说,你提出,那些有知识的人比他们自己[有知识之前]和其他没知识的人更为胆大,在这一点上[d5]你认为,勇敢和智慧是同一个东西。以这种方式来追究,你恐怕会认为,[身体]强壮也是智慧。毕竟,以如此方式追究,如果你首先问我,[身体]强壮的人是否就是[350e]有能力的人,我就会说[是]。接下来[如果你再问],那些有摔跤知识的人是否比没有摔跤知识的人更有能力,而且他们在学过[摔跤]之后是否比学之前更有能力,我就会说[是这样]。在我同意了这些后,就让你得以援用这同样的一些[e5]证据来

对这样的危险——这算得上有智慧,但算不上勇敢。 如果一个有智慧的人出于正义反抗僭主,直面生命危险,那么,他算得上勇敢,但这勇敢不是因为他有智慧,而是因为他有正义。

说,按照我所同意的,智慧就是[身体]强壮。1

"可是,我根本就不同意而且也没同意过,有能力的人就是强壮的人,即便[我同意]强壮的人就是有能力的人。[351a]毕竟,能力和强壮不是同一个东西。这个出自知识,也就是能力,当然,还出自疯癫和血气,至于[身体]强壮,则出于天性和身体养育得好。

"同样,在这儿,大胆和[a5]勇敢不是同一个东西。所以,碰巧勇敢的人是胆大的人,但并非所有胆大的人都是勇敢的

1　[施疏]从有知识的人比无知识的人更为勇敢这一事实,苏格拉底的确推论出勇敢是知识,但这个推论为何是错的呢? 按照普罗塔戈拉的说法,苏格拉底的推论是这样的:强壮就是有能力,有知识等于有能力,因此,强壮等于知识。 可是,赞同强壮是有能力,并不等于赞同所有的有能力都是强壮。 举个简单的苏格拉底的谬误例子,也就是普罗塔戈拉反驳的例子:所有的鹅都是动物,所有的海鸥都是动物,因此,所有的鹅是海鸥。 无论苏格拉底的推论如何,他绝没有犯这类错。 所以,普罗塔戈拉并没有看到这里的问题所在。 可以说,即便苏格拉底在这里犯了逻辑错误,他也没有犯普罗塔戈拉指出的这类简单的推理错误。

人。毕竟,对世人来说,胆大来自技艺,正如[351b]能力来自血气和疯癫,而勇敢则来自天性和灵魂滋养得好。"1

知识与性情

"你是说,"我说,"普罗塔戈拉,有些世人活得好,有些活得坏吧?"2

1　[施疏]普罗塔戈拉现在显得对自己非常有把握,不再紧张。这当然得归功于苏格拉底的节制做法,他在对话前让普罗塔戈拉放松,即便改变自己早先的说法也没关系。普罗塔戈拉果然放松下来,能够比较轻松地与苏格拉底对话,投入思辨,并自以为发现了苏格拉底的推理有缺陷:从勇敢等于胆儿大推论出胆儿大等于勇敢。可是,苏格拉底真的是像普罗塔戈拉所以为的那样推论的吗?即便某些说法会让普罗塔戈拉如此认为,苏格拉底实际上清楚表明,胆儿大是某种东西的种,勇敢和疯是属。

2　[施疏]在上一次问答结束时,普罗塔戈拉同样搞了长篇说辞来摆脱困窘,结尾时说到好东西对于树叶和树根不同,当时在座的人都鼓掌叫好(334c6–7)。在这里,我们没有听见有人对普罗塔戈拉喝彩。为什么呢?对此可以有一个简单的解释:他们已经吸取了教训。上次他们喝彩,苏格他说[是这意思]。

"那么,在你看来,要是世人[b5]苦恼和痛苦地活着,他活得好吗?"

"不[好]。"他说。

"要是他快乐地活着终了自己的生命呢?你不觉得他这样就是很好地活过?"

"我觉得[是]。"他说。

"也就是说,[351c]快乐地生活是好,不快乐地生活是坏?" 1

拉底威胁要走人。 现在,其他人和普罗塔戈拉都畏惧苏格拉底。 不仅普罗塔戈拉,在场的听者都学乖了。

1　　[施疏]苏格拉底提议,好等同于快乐,这非常奇怪。 因为,在这篇对话的姊妹篇《高尔吉亚》中,苏格拉底作出的是明确相反的断言:好完全不等于快乐——尤其在卡利克勒斯谈到这个主题时如此断言。 为什么在这里苏格拉底的提法完全相反? 对死的恐惧是最大的恐惧,这种恐惧会毁掉所有的快乐。 活得好或活得快乐的人是最好的人,他们肯定是勇敢之人。 但如果有智慧的人是勇敢的,他们还会像比如西蒙尼德斯那样屈就僭主,显得缺乏勇敢? 在《申辩》中,

"如果凭靠那些美的东西生活有了快乐的话。"他说。

"什么意思,普罗塔戈拉?难道你不像多数人那样把有些快乐的事情称为坏,有些苦恼的事情称为好?我[的意思]是说,有些事情就其本身是快乐,却并非就其本身是[c5]好的事情,除非由它引发了某些别的事情?反过来,那些苦恼的事情同样如此,并不因是苦恼的事情其本身就是坏?"[1]

"我不知道,"他说,"苏格拉底,我是否必须[应该]

苏格拉底回答过这样的问题:为什么你不去搞政治? 苏格拉底的回答是:搞政治我会被杀掉(30c5 – 31c5)。 这岂不表明,苏格拉底也恐惧死,或者他认为自己不值得横死,自己还有用? 由于这是苏格拉底提的一个虚拟问题,苏格拉底的例子与西蒙尼德斯的例子在性质上不同。 眼下我们需要关注,普罗塔戈拉和其他在场的人是否接受"好等于快乐"这一前提。 由于最后这段对话是苏格拉底与多数人之间的对话,我们也应该想,为什么苏格拉底要把这个前提向多数人提出来?

[1] [施疏]这里出现的"好"和"坏"的区分,是解释西蒙尼德斯的诗时出现的话题。 在苏格拉底最后通过子为父隐的例子论证自愿地做不自愿的事情时,已经涉及这样一个观点:好的事情不等于快乐[愉快]的事情。

像你问的那样如此简单地[351d]来回答:凡快乐的事情就是好的,凡苦恼的事情就是坏的。我倒是觉得,不仅为了我眼下的回答,也为了我的整个余生,使得回答更为可靠的是这样的:有些[d5]快乐的事情并不好,反之,有些苦恼的事情并不坏,还有第三种,即一些事情两者都不是,既说不上坏也说不上好。"[1]

"你称为快乐的那些事情,"我说,"不就是分有[351e]或造成快乐的事情吗?"

"完全如此。"他说。

"但我的意思是[要问],其本身是快乐的事情是否

---

[1] [施疏]普罗塔戈拉的回答表明,他已经磨炼出来,学会了善谋,不仅仅考虑到如何摆脱眼下的困境,因为这可能会让自己陷入另一个困境。 可是,他学到这一点时已经这把年纪了。 他的回答不仅是为了自己一时半会儿的好,也为了与自己的整个一生的和谐。 也就是说,他想到了应该在任何场合为自己的整个一生辩护。 可以说:普罗塔戈拉不仅想到给自己的竞争者留下深刻印象,这样就可能推开潜在的学生,他同时还必须把这样两件事情纳入考虑之列。 诚实是最好的策略,这似乎并非是个虚构的率直者。

就不好？我要问的是，快乐本身是否不是好的东西。"

"就像你每次都会说的那样，苏格拉底，让我们来探究这同一个东西吧。如果探究[e5]结果看起来在理，足以表明快乐与好是同一个东西，我们就会走到一起；如果不是的话，我们就即刻接着对辩。"1

"那么，"我当时说，"你愿意引导这番探究，还是我引导？"

[e10]"你有义务引导，"他说，"毕竟，你引发这个话题的嘛。"

[352a]"那么，"我说，"以这样的方式，兴许[探究]对我们会变得清楚起来吧？就像有人要凭一个人的样子来探究某个世人，无论[探究]健康还是别的什么身体作用，看了脸和双手后，他会说：'来吧，把你的[a5]胸膛和背脱出来让我看看，以便我可以更清楚地检查。'我也想要对某种这样的东西作这样的检查。看到你对好和快乐

1　[施疏]普罗塔戈拉竟然模仿起苏格拉底来，角色完全掉了个儿——这让我们想起前面苏格拉底在邀请普罗塔戈拉继续谈下去时引荷马的诗，在表面看来，普罗塔戈拉成了奥德修斯，而苏格拉底本来是奥德修斯。苏格拉底并没有对此作出回答，他不希望缠到这里面去，但现在的处境就是如此。

持有如你说的如此[看法]后,我也必须说某种这样的话:'来吧,普罗塔戈拉,[352b]把你的思想脱出来,1 你对知识持有怎样的[看法],这[看法]对于你是否就像对于多数世人那样,还是另一回事。'

"在多数人看来,知识是这样一种东西:它并非强有力的东西,既没有引导能力也没有统治能力。[b5]在他们心目中,知识并不是这样一种性质的东西;毋宁说,[他们认为]当某个世人有知识,但这知识经常并不统治他,统治他的是别的什么——这会儿是血气,那会儿是快乐,过会儿是苦恼,有时是爱欲,更多时候是恐惧。2 他们如

1　[施疏]苏格拉底承认了自己是引导者,他完全行使了自己的领导职权,他要去检查,但不是检查好或快乐,而是普罗塔戈拉。他对待普罗塔戈拉,就像一个医生对待一个病人。普罗塔戈拉怀疑,好是否等于快乐,而苏格拉底说,我明白你关于这一问题的立场。我支持好等于快乐的意思是,你并不想要认可,好等于快乐。也许,你相信,好与快乐是有些不同。是否这样呢?我们需要读下去。

2　[施疏]这里提到五种激情(passions),尽管列举不是很清楚,但有五种。349b提到五种德性,因此值得注意两

此没技艺地[352c]看待知识,就好像[知识]不过是脚下的奴隶,任由所有别的东西拉来扯去。

"那么,在你看来,知识也是这样的什么吗?抑或[在你看来]知识是一种美的东西,能够统治一个世人。而且,要是谁认识到[c5][什么是]好的事情和坏的事情,他恐怕就不会受任何东西的强制去行事,只会按知识吩咐[他的去行事],从而,对于救助世人,见识就足够了?"

"看来,"他说,"[是]像你说的那样,苏格拉底;况且,[352d][如果]不把智慧和知识看作所有人间事务中最强有力的东西,对所有人来说都是羞耻——对我来说也是。"[1]

种列举之间是否有任何对应关系。 我们还值得看看,是否能为历数的五种激情找出某种秩序:快乐和苦恼肯定与当下有关;血气和恐惧肯定与未来的恶相关,"爱欲"肯定与未来的好相关——这似乎是一种潜在的划分,不用说,这五种情感都是基本的情感。

[1] [施疏]这里出现了一些重要的东西。 多数人认为,某些东西可以战胜知识——许多人分享这一看法。 正如苏格拉底在345b所证明的那样,西蒙尼德斯也以某种方式分享了这一观点。 但普罗塔戈拉当时反驳了这一点,现在他似

"你这[话]说得好啊,"我说,"而且说得真实。可是,你知道吗,[d5]多数世人不听我和你的劝,[他们]反倒说,多数人认识到最好的事情也不愿去做,即便他们有可能去做,也非做别的事情[不可]?无论我问过多少人,这究竟是什么原因,[他们]都会说,由于[他们]被快乐[352e]或苦恼减小[征服],1 或者屈从于刚才我说的

乎认可了这一点,因为他提到"人间事务中最强有力的东西"。但他提到这一点是什么意思? 是因为有别的一些东西不是人间事务? 比如,我们可能会想到机运、命运。 一般而言,知识并不统治事物。 但知识能够统治人间事务。

有智慧的人是这样的人:在他身上,内在的心智统治着一切,但并非在普遍的意义上统治着一切。 这就是普罗塔戈拉这话的意思。 当然,这里谈到的灾难、意外和受苦,是非常不同的东西,这些东西差异很大。 不过,有人或许说,各种意外通过恐惧、悲伤等等将自己转换成各种激情。 非常清楚,普罗塔戈拉说,我不可能那样说,因为我是智术师,是启蒙之人。 换言之,他注定相信知识的全能,至少在人间事务方面有全能。 但非启蒙之人,比如西蒙尼德斯、苏格拉底就不受这样的驱迫。

1 "征服"的原文在词源上有"减小"的含义。 在毕

那些东西中的一种,他们照做不误。"

"我认为,苏格拉底,"他说,"世人说的其他不正确的事情多着呢。"

[e5]"那好,同我一起来试着说服世人,教他们[懂得]自己[所经历]的情感是什么,当他们说,他们被[353a]快乐和别的东西征服,以至于认识到最好的事情却不去做,[他们这样说]是什么意思。[1] 毕竟,当我们

达哥拉斯派的用法中,"减"既是数理语词,也是伦理语词——西蒙尼德斯的诗中用到的"方方正正"就是如此。"被快乐或苦恼减小"意指一个人耽于快乐,他的为人状态就变小,成了道德上"更小的人"(a smaller, lesser person)。"征服"这个说法也与随后普罗塔戈拉提出的衡量术原则(356a – 357e)相吻合:伦理学是一门衡量技艺。 [译按]随后一再出现的"被征服"一词,都带有这种伦理意义上的"减小"含义。

1 [施疏]苏格拉底和普罗塔戈拉都同意——至少都暂时同意,知识具有至高的权力,而多数人否认这一点。 多数人证明自己的观点凭靠的是他们多数人的知识,或多数人对多数人的判断。 那些知道更好且能够践行的多数人选择了错误,乃因为他们被快乐征服。 我们每个人都熟悉这个多数人

[对他们]说:'世人啊,你们说得不正确,你们在说谎。'他们兴许会问我们:'普罗塔戈拉以及苏格拉底呀,如果这不是一种[a5]被快乐征服的感受,那是什么,你们说它是什么呢?对我们说说嘛!'"

"苏格拉底啊,我们干吗非要去探究多数世人的这个意见呢?他们不过随便说说而已。"1

[353b]"我认为,"我说,"就寻求勇敢,寻求德性的各个部分以及它们如何相关而言,这[多数世人的意见]对于我们毕竟意味着点什么。所以,倘若你觉得最好还

的观点:有人不应抽烟,但被抽烟的欲望征服了。总之,如果苏格拉底和普罗塔戈拉关于心灵中的统治物是知识这一说法对的话,那么,被感情战胜的现象是不理智的。

1 [施疏]普罗塔戈拉想要撇开世人的观点,不愿为这些蠢人的想法费心。但当苏格拉底说到世人时,他就表示关切,正如当苏格拉底说到雅典人时,他才表示关切。当然,他目前在雅典,他不得不小心。但他也经常在世人中啊,所以,他现在也得小心。普罗塔戈拉对世人的姿态非常自负,他说,乍看起来,世人有几分道理,然后,他作为世人的教师就不得不屈尊于这些可怜虫。

是持守刚才我们觉得[很好]的,即由我来引导,因为我以为,以此[方式]事情会最漂亮地变得清楚起来,[b5]你就跟着[我]吧。但如果你不愿意,如果你喜欢的就是这,我会求之不得。"¹

"不过,你说得倒正确,"他说,"照你开始的去完成吧。"²

快乐与衡量术

[353c]"那么进一步说吧,"我说,"如果他们问我们:'你们说的这个,也就是我们说我们被快乐征服,究竟是什么[意思]?'我呢,兴许会对他们这样说:'听着,普罗塔戈拉和我会试着告诉你们。你们不是说,[c5]你们恰好就是这样

1　[施疏]苏格拉底又给了普罗塔戈拉一次机会,让他作出在351e作出过的同样选择。 不过,前一次苏格拉底仅仅说到自己的引导,这次则强调了自己的建议,更为明确地要普罗塔戈拉跟随他。 为什么苏格拉底在说到"我求之不得"时用到两个条件句,颇为费解。

2　[施疏]直到358a以前都是"对多数人的回答",为了常人的段落拉得很长,这一点颇为奇怪,我们必须试着理解为什么如此。

的吗,常常屈从于比如吃啊、喝啊以及性感之类的即时快乐,你们认识到它们是辛苦的事情,1 却照样做这些?'"2

"他们会说[是]。"3

"那么,我们——你和我——再问他们:'你们凭什么说这些是辛苦的事情呢?[353d]是因为这些事情提供这种即时的快乐,而且它们每个都是快乐,还是因为[这些事情]后来引致疾病和匮乏,招致其他诸如此类的

1　[译按]"辛苦的"这个词有多个义项:辛苦的、糟糕的、无用的、恶劣的、邪恶的(与 kakos[坏]同义)。饮食男女之事是世人的基本生存需要,没有这些需要,人世也就不复存在。有的世人的确会说,一辈子只是为了饮食男女,活着好辛苦、好累……但绝大多数世人不会这样看。比较尼采,《善恶的彼岸》,第三章,61 节。

2　[施疏]注意苏格拉底如何表述世人的看法,非常重要。苏格拉底说,当世人说到被快乐征服这件事情时,世人的意思是被那些坏的感性快乐征服——这就是世人心目中被快乐征服的现象。

3　[施疏]普罗塔戈拉代替多数世人回答苏格拉底的虚拟对话,可以看到,普罗塔戈拉现在变得很谨慎。

许多东西？或者，就算这些中的某一个[快乐]日后不会招[d5]致任何[坏的]东西，仅仅造成享受，但它们就是坏的事情，只因为它们不管怎样都造成享受？' 我们会认为，普罗塔戈拉，他们偏偏会这样回答：'并非由于即时快乐本身的作用，[这些快乐]才是坏的事情，[353e]而是由于随后出现的事情即疾病以及其他[坏的事情]'——他们会[这样回答]吗？"

"我倒是以为，"普罗塔戈拉说，"多数人会回答[是]这个[原因]。"1

"'那么，造成疾病不就造成苦恼，造成匮乏不就造成苦恼？'2 我相信，他们会同意吧。"

---

1 [施疏]多数人并不认为，那些征服他们的事情是坏的，反倒认为是快乐的，因为，那些事情是快乐的。他们把这些事情叫做坏的，仅仅因为这些事情有坏的结果。普罗塔戈拉小心地同意，这会是多数人的回答。他说"我倒是以为"的意思是，他对多数人不熟悉——回答非常小心谨慎。

2 [译按]"匮乏"不是"贫乏"，指欲望满足后又会重新产生需要满足的欲望。《会饮》中的第俄提玛说到爱若斯的诞生时，用到这个语词。

[e5]普罗塔戈拉表示同意。

"'可是,这对你们不是很清楚吗,你们常人啊,就像普罗塔戈拉和我说的,这些事情之所以坏,不就因为它们以苦恼告终,剥夺了其他[354a]快乐?'他们会同意吧?"

我们两人都觉得[他们会同意]。1

"那么,如果我们再问他们相反的:'世人啊,你们说,好的事情也是苦恼的哦,你们说的不会是这样一些事情吧:诸如练身啊、从军啊,以及[a5]由于医生的治疗而出现的那些烧灼啊、切割啊、2 药疗啊以及禁食?这些事情尽管是好事情,却是苦恼的事情?'他们会说[是这样]吧?"3

1　[施疏]苏格拉底和普罗塔戈拉同意,多数人会把快乐理解为坏的即不快乐的结果。 苏格拉底与普罗塔戈拉之间的同意现在并不涉及快乐和苦恼,而是涉及多数人的意见,这一点比前面更为完整得多。 坏意味着那种缺乏快乐或那种苦恼的事情。

2　[译按]"切割"即如今的外科手术。

3　[施疏]苏格拉底在这里丝毫没有质疑常人的流俗观点。 对他人和财富的支配是军训和救助城邦的好结果。 这的他也觉得[他们会]。

"'那[354b]么你们把这些叫做好事情,是因为它们随即带来极度的疼痛和苦痛,还是因为后来从其中产生出健康和良好的身体状况,乃至救助城邦、统治他人[b5]以及[获得]财富呢?'我会认为,他们会说[是这样]。"

他也觉得[他们会]。

"'这些事情是好事情,没别的原因,不过因为它们以快乐告终,释解和祛除痛苦?[1] 或者,当你们把这些叫做好事情时,[354c]除了快乐和痛苦,你们还能够说出别的什么你们所盯住的目的吗?'我会认为,他们会说不

确表达了凡俗的意见,表达了常人。 当然,这些事情对于统治别的城邦肯定是坏的,从而是坏的结果。 节制是对欲望和勇敢的控制,对畏惧的控制,这是整个故事的一部分。 常人会把发动战争仅看做为了增长财富,尤其是为了增长个人的财富。

1 [译按]柏拉图用了多个同义词或近义词作为"快乐"的反义词:起初是"苦恼",然后是"疼痛"和"苦痛",从这里开始用"痛苦"。

[会有别的目的]。"1

"我也觉得[他们]不[会有别的目的]。"普罗塔戈拉说。

"'你们不是把快乐当作好东西来追求,把痛苦当作[c5]坏东西来逃避吗?'"

他也觉得[是这样]。

"'那么,你们认为,坏即痛苦,好即快乐,因为你们说,享受本身也是坏[事情],只要它夺去了比它所有的更大快乐中的某一种[快乐],或者引致了比[354d]自身带有的快乐更大的痛苦。如果你们为的是别的什么,转而盯住别的什么目的才把享受本身称作坏,你们就能够告诉我们。可你们却不能。'"

"我也觉得他们不[能]。"普罗塔戈拉说。2

---

1 [施疏]苏格拉底非常清楚,在常人看来,好就是快乐,常人除了快乐没别的标准。 常人选择好东西,实际上是在选择快乐,或者选择在他们看来是快乐的结果。

2 [施疏]可见,常人把某种快乐的东西看作坏东西,仅仅是从快乐的观点出发。 普罗塔戈拉再次同意,常人持有这个观点。 苏格拉底在这里说得非常详细,但仅仅为了一个

五 辨识勇敢德性

"'再说,关于遭受痛苦这件事情,[d5] 难道不同样是这种方式?你们把遭受痛苦本身称为好东西,[不就因为]当[遭受痛苦]要么祛除了比这些痛苦自身中的痛苦更大的痛苦,要么提供了比痛苦更大的快乐?如果你们把遭受痛苦[354e]本身称为好事情,你们转而盯住的是别的什么目的,除了我所说的之外,你们也能告诉我们吧?可你们却不能[告诉我们]。'"

"你说的是真实。"普罗塔戈拉说。[1]

理由:他是在对常人说,对假设脑筋转得很慢的常人说。这不难理解,从孩提时候起,每个人都多少被告知了如今所谓快乐主义的东西。这一常识使得我们很容易忘记,快乐主义出现在这里毕竟是件奇怪的事情。作为常识的快乐主义,内容非常简单,易于理解,但被教的方式却非常复杂。我们必须看到,苏格拉底想要说服普罗塔戈拉,而普罗塔戈拉却不说一个字,他仅仅说常人会这样说,他把自己的看法藏在背后。

[1] [施疏]这次普罗塔戈拉的回答稍稍有所不同,他并没有说,这就是多数人说的,尽管这一回答仍然含混。现在普罗塔戈拉愿意承认好等同于快乐,如苏格拉底要他承认的那样吗?我们都在某个地方、某个时候听说过所谓"快乐计算"

"'那么再进一步,'"我说,"'世人啊,如果你们再问我:关于这一点你们说那么多究竟为了哪一桩啊,而且[e5]翻来覆去说?¹ 我呢,兴许就会说:原谅我吧。毕竟,第一,这样不就容易表明你们所谓的被快乐征服究竟是什么[意思]嘛;其次,[我的]所有证明都基于这一点。不过,[你们的说法]这会儿还可能后退一步,[355a]如果你们能这样子说:好与快乐是某种不同的东西,或者坏与苦恼是某种不同的东西。要不然,对于你们来说,快乐

的观点,即所有道德问题都由快乐的算计构成。在这里,我们可以看到这种思想的源头。如果道德问题是快乐的算计,那么,德性就是知识。选择好就意味着选择快乐。这是一个数学问题,快乐的数学当然并非完全等同于数字的数学,而是用数学思维来思考或操作道德问题。这就是苏格拉底推进其理路的方式。但这种推进的详尽而精巧的特性并非由于这种思路的新颖,因为这思路很容易跟进,而是由于普罗塔戈拉特别吞吞吐吐:出于某种我们现在还不知道的理由,他不想认同苏格拉底想让他认同的东西。

1　[施疏]常人厌烦了:为何说得老长,我们已经懂啦,如此老长让常人厌烦。

地过一辈子没有痛苦的生活是不是就够了呢？如果够了，如果你们只能说，好或坏的东西不过就是以这些[快乐和痛苦][a5]告终，你们就且听下文吧。

"'我要对你们说，如果是这样的话，[你们的]这个说法就变得可笑啦——倘若你们说，尽管一个世人经常认识到坏的事情就是坏的事情，却照样做这些事情，尽管有可能不做，[因为]他受快乐[355b]驱使而神魂颠倒。反过来，你们又说，这个世人认识到好的事情，却由于即时的快乐不愿去做，被这些[即时快乐]征服。倘若我们不同时使用许多名称，[使用]快乐和苦恼、好和坏，[b5]这些事情多么可笑，就会是明摆着的；毋宁说，既然这些事情显得是两样，我们就得用两对名称来表达它们，首先用好和坏，然后再用快乐[355c]和苦恼。1

1　　[施疏]苏格拉底的提议极其简单：如果好是快乐，坏是不快乐，那么，就让我们仅仅用这些对立的一对，不然我们会把论题搞混。让我们要么谈好和坏，要么谈快乐和不快乐。如果我们用这个，如果好是快乐，那么，说人们明知道这是坏还选择它，因为他们被快乐征服，就是可笑的，因为他们说，人们明知道这是坏还选择它因为他们被好征服，这明显是可笑的陈述。

"'一旦确定了这一点,我们就应该说:这个世人认识到坏的事情是坏的,却照样做这些事情。要是有人问我们:为什么呢?我们会说,因为他被征服了。那人会问我们:被什么征服?于是,我们便没可能[c5]再说被快乐[征服],毕竟,已经有另一个名称替代了快乐,即好[这个名称]。所以,我们应该回答那个人并说:他被征服了。他会说:被什么征服呢?我们会说:被好[征服],向宙斯发誓!1

"'如果问我们的人碰巧是个肆心的人,他会哈哈大笑,[355d]然后说:如果有人尽管认识到[这些是]坏的事情而且并不需要去做,他却去做[这些]坏的事情,这就是被好的东西征服,那么,你们说的事情简直可笑啊。他会问:[如果那人被好东西征服,]在你们看来,是好的

1　[施疏]谁发的这个誓?　很可能是苏格拉底单独发的这个誓。　他通过向宙斯发誓强调自己的说法。　在这篇对话中,苏格拉底很少发誓,除了起头与希珀克拉底单独在一起时。　后来,普罗塔戈拉发过一次誓,普罗狄科发过一次誓,苏格拉底发过一次誓。　这是苏格拉底最后一次发誓,而且隔了很长时间。

五　辨识勇敢德性

东西不足以战胜坏的东西,还是足以[战胜坏的东西]呢?

"'我们会[d5]回答说:很清楚啊,因为[好东西]不足以[战胜坏东西,才会被好东西征服]。毕竟,我们说他被快乐征服的那个人恐怕不会搞错。可是,他兴许会说:凭什么[道理]好的东西不足[以战胜]坏的东西,或坏的东西不足[以战胜]好的东西呢?除了按照其中一个大一些、另一个[355e]小一些[这个道理],还会有别的[道理]吗?或者[按照]这个更多、那个更少[的道理]?我们恐怕不能说不是这个[道理]吧。所以很清楚,他会说,你们所谓的被征服,就是拿更大的坏取代较小的好嘛。事情就是如此。[1]

"'我们不妨再换用[e5]快乐和苦恼这些名称在同样的事情上,[2] 然后我们说,这个世人做事情——先前我

1　[施疏] 这个质疑者也许解决了困难,他可能会说,也许人们得到更大的坏作为更小的好的代价。 这看起来似乎是个满意的回答,因为他消除了整个困难,也就是把两对对立带来的困难全消除,而苏格拉底仅用到一对对立。

2　[施疏] 苏格拉底提出新的提议,这是个流俗的说法

们说[他]做坏的事情,现在我们则说[他]做苦恼的事情,尽管他认识到这些是苦恼的事情,因为他被[356a]快乐征服。很清楚,[因为苦恼的事情]不足以战胜[快乐的事情]嘛。毕竟,除了相互的过度和不足,还会有别的什么比快乐足以针对痛苦呢?这些[过度和不足]就是相互变得更大和更小、[数目上的]更多和更少、[程度上的]更足[a5]和更差嘛。毕竟,如果有谁要说:可是,苏格拉底,即时的快乐与将来的快乐和痛苦以及别的什么毕竟差得老远啊。——我呢,就会说:除了在快乐与痛苦上不同,还会有什么不同呢?毕竟,[它们]并无任何别的不同!毋宁说,就像[356b]一个善于衡量的世人把快乐的事情摆到一起,把痛苦的事情摆到一起,还有近和远,然后放到天平上,说[两边]哪个更多。要是你用快乐的事情称量快乐的

或日常的说法,用的是好与坏的对立,快乐与不快乐的对立。这导致了混乱。 要不然我们不得不以单个对立来读解这个困难,我们已经以好与坏的对立的说法来陈述过这个困难,现在我们以快乐与不快乐对立的说法来陈述这个困难。 苏格拉底仍然是在为思考很慢的学习者谈话,因为其他人也许能够基于前一个对立勾勒出困难。

事情,你肯定总是取[数量]更大和更多的。要是你用痛苦的事情称量[b5]痛苦的事情,[你肯定总是]取更小和更少的。要是用快乐的事情称量痛苦的事情,倘若快乐的事情重过苦恼的事情,无论远的重过近的还是近的重过远的,[你]采取的行动肯定是做那些其中有这些[更大快乐]的事情。但倘若[356c]苦恼的事情重过快乐的事情,[你]就肯定不会做。我会说:你们世人啊,这些事情难道不就是这样么?'我知道,他们只会这么说。"1

---

1 [译按]按施特劳斯的识读,苏格拉底的整个这一大段虚拟的和普罗塔戈拉一起与常人的对话,是在模拟普罗塔戈拉与常人对话,以此引出普罗塔戈拉的生活哲学原则,即他要向常人推荐的"衡量术"。 在虚拟对话中(356a7以下),苏格拉底替普罗塔戈拉说出了其"衡量术"的基本原理,也就是普罗塔戈拉所理解的生命"智慧"或关于"好"的学问:懂得称量、衡量、计算生活中的快乐的多少、大小以及程度,就算有了"智慧"或关于"好"的学问。 接下来苏格拉底与普罗塔戈拉的直接对话,是要让普罗塔戈拉确认,他的模拟是否有误。 这就是苏格拉底在这段对话开始时所说的,让普罗塔戈拉把自己思想的"胸膛"和"背心"脱出来给大家看。

普罗塔戈拉也觉得是这样。

"'既然这个[事情]似乎就是如此,我会说,那么,请你们回答我这个[问题]。[c5]同样大的东西,在眼中对你们就显得近的大些,而远的小些,或者不是?'"

"他们会说[是这样]。"1

"'厚的东西和多的东西也如此吧?还有,一样的声音,近就大些远就小些?'"

"他们兴许会说[是这样]。"

"'那么,如果[356d]对我们来说,事情做得好凭靠的是这个,即凭靠做和抓住大的事情,避开和不做小的事情,那么,对我们来说,什么才会显得是生命的救助呢?衡量术抑或这种显得如此的东西的力量吗?或者,这种[显得如此的东西的]力量[d5]会把我们引入

1　[施疏]注意这是普罗塔戈拉说的。现在普罗塔戈拉讨论俗众回答何谓当下和近以及未来和远的方式,讨论当下和未来、近和远对俗众有怎样的巨大影响。俗众就像是我们俯视的地上的蚂蚁。普罗塔戈拉同意苏格拉底关于俗众会如何回答的说法,他仍然非常谨慎,不希望自己被逮着。

五　辨识勇敢德性

迷途,使得我们常常把同样的东西[拿在手里]颠来倒去[举棋不定],在践行和选取大和小的事情时[常常]后悔?衡量术才戳破这个[显得如此的]幻象,揭开[356e]真实,使得灵魂宁静地栖息在这真实之上,从而解救了生命?'世人兴许会同意这些事情,即衡量术解救我们,或者[他们会说是]别的技艺?"[1]

普罗塔戈拉同意[他们会说]衡量术。[2]

[e5]"'那么,倘若生命的救助对我们来说凭靠的

---

[1]　这里似乎在刻意影射普罗塔戈拉的"人是所有财富的尺度"的著名主张(参见《泰阿泰德》152a)。眼下的讨论重新解释了普罗塔戈拉的这句格言的含义,因为,衡量的技艺是一种与人不同的东西。[施疏]常人的幸福由获取最大可能的长度构成。"生活的救助"的意思是把生活视为拥有更多的幸福。

[2]　[施疏]普罗塔戈拉的回答表明,常人和普罗塔戈拉都同意了这一点。但是,他们同意的东西有差异:常人同意,衡量术有助于生活,普罗塔戈拉仅仅同意,常人会这样说。苏格拉底用的例子是长度,普罗塔戈拉的回答用衡量术剥夺了长度的显得如此的能力。但是,苏格拉底在前面的

是选取奇数和偶数,[岂不]就必得正确地一时选取更多一时选取更少,要么就奇数选取这个奇数,要么就偶数选取那个偶数,[1] 不管就近还是就远?对我们来说,什么才会救助[357a]生命呢?[2] 岂不就是知识吗?既然这才是涉及过度和不足的技艺,岂不就是某种衡量术么?可是,既然牵涉奇数和偶数,那么,除了是算术[这技

举例提到声音,这里的要点在于:在后文里,无论如何没有再把衡量术用于声音。 换言之,某一方面有可以确定的更大或更小,还不能证明有衡量术。 普罗塔戈拉这次的回答在性质上稍微有了一些变化,回答很含混,或者可以说,他承认他同意多数人的做法,并非全然像我先前说的那样不含混。

1 意思是当我们在两个奇数之间或两个偶数之间选择时,要么选取这个[奇数/偶数],要么选取另一个[奇数/偶数]。

2 [施疏]出现了新的难题:这里提出的问题涉及更多或更少,这当然是个更好的例子,因为常人关心变得更富,而更富意味着更多的钱,因此在这里更为恰切。 可是,这里的问题并非简单的选择更多,而是在恰当的时间选择更多。

艺]还会是别的吗?'——世人会同意我们吧,还是不会呢?"

普罗塔戈拉似乎也觉得[a5]他们会同意。1

"'那么好,世人啊,既然对我们来说,生命的救助显得就是正确地选取快乐和痛苦,选取更多和更少、[357b]更大和更小、更远和更近[的快乐和痛苦],[生命的救助]岂不首先显得是衡量,即细究相互之间的过度、不足与均等吗?'"2

1　[施疏]普罗塔戈拉的回答表明,常人和普罗塔戈拉都同意了这一点。但是,他们同意的东西有差异:常人同意,衡量术有助于生活,普罗塔戈拉仅仅同意,常人会这样说。苏格拉底用的例子是长度,普罗塔戈拉的回答用衡量术剥夺了长度的显得如此的能力。但是,苏格拉底在前面的举例提到声音,这里的要点在于:在后文里,无论如何没有再把衡量术用于声音。换言之,某一方面有可以确定的更大或更小,还不能证明有衡量术。普罗塔戈拉这次的回答在性质上稍微有了一些变化,回答很含混,或者可以说,他承认他同意多数人的做法,并非全然像我先前说的那样不含混。

2　[施疏]苏格拉底把"正确选择快乐和痛苦"与"选

"当然必然[如此]。"

"'既然是衡量,明显必然是一种技艺和知识啦?'"

[b5]"他们也会同意说[是这样]。"

"'好吧,这[衡量术]究竟是哪门技艺和知识,我们以后再探究。它是知识,这对于那个证明,即我和普罗塔戈拉[357c]必须证明你们问我们的东西来说,倒是远远足够喽。你们曾问[我们]——要是你们记得的话,当时,我们[两个]相互达成一致:没有什么比知识更强大,毋宁说,正是这个[知识],无论它在哪儿,总会强制快乐以及所有其

择更多和更少、更大和更小、更远和更近"连在一起,但两者显然不是一回事。 快乐的例子与长短数目区别开来,在这个例子中,人们也许得考虑多少、大小、远近。 这样,人们就需要衡量术,这种技艺同时是衡量的日常技艺,算术的技艺,而且蕴藏着时间距离要素。 换言之,考虑到当下的快乐是一个极大的领域,在其他领域,这种考虑就并非必然的。 所以,我们必须考虑,这一快乐会给我们带来痛苦,以便节制地行动。 可是,话说回来,从实践上讲,何时考虑呢? 比如像我现在的年龄,已经六十岁啦,大概不会有这样的考虑——可见,这个问题完全远离严格的算术技艺。

他东西。可是,你们却说,快乐[c5]常常甚至强制一个[即便]认识到[这一点]的世人。当我们不同意你们时,你们就接下来问我们:普罗塔戈拉和苏格拉底啊,如果这不是一种被快乐征服的感受,那它究竟是什么呢,你们说它是什么嘛?[357d]对我们说说看。那么,如果我们当时直截了当对你们说,[简直]无学识,你们就会嘲笑我们。但这会儿呢,如果你们嘲笑我们,你们就是在嘲笑自己喽。毕竟,你们已经同意,恰恰由于在选择快乐和[d5]痛苦,也就是选择好事情和坏的事情时缺乏知识,那些在这些事情上犯错的人才会犯错;[那些人]不仅是由于缺乏知识,而且是由于缺乏你们刚才同意的衡量术[才犯错]。

"'你们已经知道,[357e]一个错误行为就是由于这个人无学识[以至于]无知识地做事情[所致]。所以,所谓被快乐征服就是最大的无学识,对此[无学识],这位普罗塔戈拉说他是医生,还有普罗狄科以及希琵阿斯[也这样说]。¹ 可你们呢,由于你们以为[被快乐征服]根本不是什么无学识,[e5]你们既没[自己去找]这些事情

---

1 [译按]苏格拉底把计算生活中快乐的多少、大小以及程度的技艺视为智术师共同拥有的"智慧"。

的老师,也没送你们的孩子们[去找]这些智术师,仿佛[这些事情]不可教,而是舍不得给这些[老师们]钱财,你们在私和公方面事情都做得坏。'" 1

1　[施疏]苏格拉底为智术搞了一个案例,这个案例比普罗塔戈拉提供的案例要有力量得多。苏格拉底在这里让自己显得是在鼓动人民,怂恿人们追求智术——这个可了不起(terrific)哦。

换言之,苏格拉底这里是在教普罗塔戈拉为了自己的技艺该如何搞宣传:你的方式不行,得这种方式。苏格拉底站在普罗塔戈拉自己的基础上打倒了普罗塔戈拉。苏格拉底已经从许多根基上打击了普罗塔戈拉,但这次是在普罗塔戈拉自己的根基上打倒他。苏格拉底还让在场的人看到,普罗塔戈拉宣称要教德性,但这一宣称的成败系于将德性与知识相等同,但他不愿意承认这一点。当然,苏格拉底现在承认,德性可教,而他本来否认这一点。问题在于,雅典人并不教德性,或者老的立法者们不教德性,而是那些掌握衡量技艺的人教德性。虽然普罗塔戈拉扼要描述了这种技艺,毕竟,这种技艺的可能性并未建立起来。这兴许就是我们的生活的真实解救。我相信这是真的:如果我们会选择一个更大的恶、未来

五 辨识勇敢德性

勇敢与正义

[358a]"这些大概就是我们对多数人的回答。[1] 不过,我想要问你们,希琵阿斯和普罗狄科,还有普罗塔戈拉——毕竟,这个道理对你们来说是共同的,在你们看来,我说的是真实[a5]还是说的假话呢?"[2]

所有人都觉得,刚才所说的这些真实得太自然不过啦。

"那么,你们都同意,"我说,"快乐[的事情]是好,苦

的恶,我们就会以最大的真实性看到它会导致的这个可怕结论。换言之,如果会有这样一种知识(我们能够在关键的时刻制造出来的知识),它就会多少影响我们的行为。 然而,问题在于:这样一种技艺是否存在;人们是否不能以完全不同的方式前行。

1 [施疏]苏格拉底把多数人拉到自己一边,并向他们证明,除了花钱之外,没有别的更好办法把孩子送去智术师那里。 这里的"多数人"指我们所谓的智识分子。"我们"则是制造理论的思想家,这些人制造出理论来培育智识分子。

2 [施疏]苏格拉底转向那些他并没有算作在场者的智术师们,也就是转向旧的贤良方正。 他们是精英。 这里出现的"你们"与前面大量用到的"你们"形成鲜明的对照。

恼[的事情]是坏喽？不过，我请求这位普罗狄科别搞名称辨析，别搞你说'快乐'或'欣喜'或'高兴'[的辨析]，或者给'你何以和如何高兴起来'诸如此类的事情[358b]命名，最棒的普罗狄科，径直回答这个[问题]，这才是我想要的。"

普罗狄科笑了，他表示同意，[1] 其他人[也同意]。

"那么，诸位，"我说，"这样一个东西究竟是什么呢？所有朝向这个东西的行为，即朝向不带痛苦的快乐生活的所有行为，难道不都是美的[和有益的]吗？[b5]美的

1　[施疏]普罗狄科也同意了，虽然他更懂（不妨回想他在337c用两个语词来指称两种快乐，可见他的区分的感觉何等细腻），所以他笑了，然后才表示同意。在这篇对话中，并没有出现太多的笑。普罗狄科笑了，不仅因为苏格拉底要考他，而且因为他多少看出，苏格拉底是在搞笑，搞一个大玩笑——普罗狄科欣赏这个玩笑。不过，苏格拉底欣赏的玩笑与普罗狄科欣赏的玩笑有一个很大差异，而且是明显的差异。苏格拉底没有笑，我们必须想象苏格拉底在任何时候都板着面孔——无论在柏拉图笔下还是色诺芬笔下，苏格拉底唯一的一次笑是在他临终那天。

五　辨识勇敢德性

作为难道不是既好又有益吗?"

[所有人]觉得如此。

"那么,"我说,"如果快乐就是好,就没谁在知道或相信还可能有别的比[358c]他正在做的[事情]更好的[事情]的时候,却依然做[他正做的]那些事情,要是可能[做对他来说]更好的事情。[1] 被自己征服岂不恰恰就是无学识,而掌控自己岂不恰恰就是智慧?"

所有人都觉得如此。

"那么,然后呢? 你们[不是]说,无学识是这么回事:持

---

[1] [施疏]这里的论证很简单:好就是快乐,引致快乐的行为就是好。 从而,好就是有用的,因为我们所说的有用就是好。 但它们也是高贵的,值得赞美的。 因为,高贵的行为就是有用的,也是好的,也就是快乐。 一个人仅仅能说,这话说得多么不合逻辑! 唯一可以应用上的例子是抢银行——他们抢银行为的是到度假胜地过一个快乐的周末。 对银行劫匪来说,快乐就是好,而且就是有用的,前提是他们抢银行后没被逮着。 但这是高贵的行为吗? 没谁会这样说。 即便劫匪自己也不敢这样赞美自己,因为,这明显是不可赞美的行为。

有虚假的意见和[c5]在非常重要的事情上被蒙骗?"

所有人也觉得是这么回事。

"那么,别的什么呢,"我说,"没谁愿意去求坏的事情或他认为坏的事情吧?[358d]看来啊,这个[行为]并非基于世人的天性哦,即愿意去求自己认为坏的事情而不求好的事情。一旦被迫在两个坏的事情中选取一个,没谁会选取更大的,要是可能选取更小的。"

[d5]我们所有人都觉得,所有这些事情就是如此。[1]

"然后呢?"我说,"你们把某种东西称为畏惧或恐惧吧?而且是我逮着的那个东西?我对你说呐,普罗狄科。我说的这个是某种对低劣的事情的预感,你们要么称它为畏惧,要么称它为恐惧?"[2]

---

1 [施疏]上一次苏格拉底说的是大家接受了这一点,我们不知道苏格拉底是否同意。 这一次苏格拉底用的是"我们大家"——这意味着包括苏格拉底和普罗塔戈拉在内。

2 [施疏]这里为什么要区分看起来很难区分的"畏惧"和"恐惧"? 因为,好和快乐其实是两种不同的东西。这一区分原则当然是不同的,但人们在区分两种预想的恶时作出这种区分,完全可以理解。

普罗塔戈拉和希琵阿斯觉得,这就是畏惧和恐惧;[358e]但普罗狄科觉得,这是畏惧,不是恐惧。

"这倒无关紧要,普罗狄科,"我说,"但是,这个[倒是紧要的]:如果[我们]此前所说的事情是真实的,会有哪个世人愿意去求[面对]这些他感到畏惧的事情吗,要是他有可能去求[面对]他不[感到畏惧的事情]的话? 或者,按前面[e5]已经同意的来看,这不可能? 毕竟,刚才已经同意,一个人认为,他畏惧的事情是坏的事情,而没有一个人会愿意去求[面对]或拿取他认为是坏的事情。"1

1　[施疏]这里的含混基于这里用于表达"去求取"的希腊语介词 epi,这个介词完全没法用英语来表达。 这里关涉一个双重含义,如果硬译的话,不妨这样来表达:没谁会去 epi[求取]他明知或认为是坏的事情;没谁会去 epi[面对]他感到或认为是可怕或危险的事情。 苏格拉底玩的就是介词 epi 的双重含义:既有 after[求]的含义,又有 toward[面对]的含义。 当然没谁去"追求"(go after)坏的事情,但总得有少数人"面对"(go toward)坏的事情,这显然是两回事。 这个特别的介词用法模糊了这个差异,模糊了"追求"

所有人[359a]也都觉得是这样。

"既然这样子假定了这些,"我说,"普罗狄科和希琵阿斯啊,就让这位普罗塔戈拉给我们辩护一下他最初的回答何以正确吧——绝不是[他最初说的]那个,[a5]当时他说,德性有五个部分,没有一个有如另一个,每个都有自己属己的能力。我说的不是这些,而是他后来说的。[1] 毕竟,他后来说,四种[德性]彼此颇为[359b]相像,而有一种[德性]与其他[德性]完全不同,这就是勇

与"面对"的差异。 同样,没谁去追求危险的事情,但总得有少数人出于这样或那样的原因会面对危险的事情。 如果接受这个字面上的结论,我们就得说,不可能有自愿的勇敢。我们是否可以说不自愿的勇敢是另一个问题。 不清楚的是,苏格拉底是否接受这一点。

1 [施疏]苏格拉底不够地道,因为,他把普罗塔戈拉已经转换的立场抹掉了——他说自己的意思不是普罗塔戈拉在开头正确地说的东西,而仅仅是讨论完西蒙尼德斯的诗之后的讨论开头所说的东西。 不过,苏格拉底现在是法官,他告诉普罗塔戈拉,你得负责的仅仅是你最后说的那些话,也就是你认真考虑之后的那些说法——这是一条司法原则。

五 辨识勇敢德性

敢。他说,我会凭靠如下证明认识到这一点——[他说]'你会发现,苏格拉底,世人极为不虔敬、极为不正义、极为不节制、极为无学识,却极为勇敢。由此[b5]你会认识到,勇敢与德性的其他部分非常不同。'¹ 当时我对这回答实在非常诧异,我同你们讨论过[刚才讨论的]这些后,就更诧异了。² 我当时问这个人,是否他说勇敢的人是胆大的人。他说,[他们]甚至[359c]急切哦。你还记

1　[施疏]这里是完整重复349d5 – 8一段,如果我们亲自对比一下,会是一次学习如何阅读柏拉图的好训练,因为,这次重复中的变化要比苏格拉底引用常人说如何如何时大得多。 很清楚,不虔敬和不正义的位置变了,而且不虔敬和不正义被表述为可以互换的。

2　[施疏]如果注意看苏格拉底如何引述普罗塔戈拉的观点(一定要注意字面),我们就应该回想起,当时苏格拉底并没有表示出一点儿诧异! 现在苏格拉底对普罗塔戈拉说他表示诧异,因为现在的情况完全不同了。 显然,当时表示诧异毫无用处。 情况的变化在于经过与大家的讨论,注意苏格拉底说的是"我同你们讨论过这些后",不仅仅是与普罗塔戈拉讨论。

得吧,普罗塔戈拉,[当时]你这样回答这些事情。"

他同意[他说过]。

"那好,"我说,"对我们说说,你说的勇者急切面对的是什么？是懦夫[c5]面对的那个吗？"

他说不是。

"那么[懦夫]面对别的东西？"

"是的。"他说。

"是否懦夫面对[让人]胆大的事情,勇者则面对可怕的事情？"

"的确,苏格拉底,世人的说法[就是]如此。"

"你说的是真实,"我说,"不过,我问的[359d]不是这个,而是[问]:你——你说勇者急切地面对的[那个]是什么？[他们]面对可怕的事情,即他们认为这些事情可怕,抑或面对不可怕的事情？"

"但这一点嘛,"他说,"[根据]你[刚才]说的那些道理已经证明不可能。"1

1　[施疏]普罗塔戈拉指 358e。在那里说的是,没谁会希望或愿意面对自己畏惧的事情即自己认为是坏的事情。现在说的是,勇者不会面对引致畏惧的事情——苏格拉底甚至

五　辨识勇敢德性

"你说的这个也真实,"我说,"所以,如果[d5]这一点已经正确地得到证明,就没谁会去求取[面对]自己认为可怕的事情,因为被自己征服出于无学识。"¹

他同意。

"不过,懦夫也好勇者也罢,所有人都去求取[面对]他们大胆[去求取]的事情啊,在这一点上,至少[359e]

删掉了"愿意"。这意味着,即便出于强迫也不会面对。因为,很清楚,如果勇者出于强迫面对让人畏惧的事情,就表明,所谓可怕的事情(敌人)不那么引致畏惧,因而与宪兵背后揣了一支手枪比起来相对要好些。就此而言,懦夫们面对让人畏惧的事情——如果他们会这么做——仅仅是出于被迫,从而,相对而言是好的。

1　[施疏]这里非常奇怪,不是吗?难道没有无学识的人吗?如果有这样的人,为什么就没有特别的懦夫?苏格拉底似乎把一般意义上的多数人与 the wise[智慧者]等同起来。基于什么理由?这个说法的奇怪之处在什么地方?苏格拉底在这里的推理暗含的是,没有无学识的人。没谁会面对可怕的事情,因为这样做就会是无学识。很清楚,这里的"没谁"所指的人与知识或意愿无涉。

懦夫和勇者去求取[面对]的是相同的事情。"

"可实际上,苏格拉底,"他说,"懦夫和勇者去求取[面对]的[事情]完全相反;譬如说,勇者愿意上战场,懦夫却不愿。"1

"那么,"我说,"上战场是[e5]美的事情还是丑的事情?"

"美的事情。"他说。

"既然是美的,我们先前已经同意,它也就是好的;毕竟,我们已经同意,所有美的行为都是好的[行为]。"

---

1 [施疏]可见,针对苏格拉底的荒谬断言,普罗塔戈拉在这里给出了一个常识陈述(common sense statement)。所有人都追求好,但好的东西有巨大差异,五花八门。因此,这样一概而论的陈述无济于事。好的东西五花八门。这让我们想起什么? 想起这篇对话中的中段:普罗塔戈拉带着五花八门的"好"迎战苏格拉底。普罗塔戈拉曾提出一个有力的论点:有的东西对人好,有的东西对牛好。勇者愿意去打仗,懦夫不愿意。这里他颠倒了勇者与懦夫的秩序,无异于提醒,两者可以互换,因为最终目的是一回事:两者要的都是好,尽管在何谓好这一点上,两者不一致。

"你说的是真实,而且我一向觉得如此。"

"这才正确嘛,"我说,[360a]"可是,尽管[上战场]既美又好,你说[勇者和懦夫中的]哪种人不愿意上战场呢?"

"懦夫。"他说。

"是吧,"我说,"即便[上战场]是美的事情、好的事情,而且是快乐的事?"[1]

"[这一点]当然已经同意。"他说。

"那么,懦夫就是,明明认识到[这些],却不愿去求取[a5]更美、更好、更快乐的事情?"

"不过,如果我们也同意这一点,"他说,"我们就会推翻先前同意的[说法]。"

"那个勇敢的人[会做什么]呢?他岂不会去求取更美、更好、更快乐的事情?"

"必然得同意[这一点]。"他说。

1　[施疏]懦夫并不希望上战场,即便上战场高贵、好甚至快乐也罢。 懦夫完全不知道,上战场也有乐趣! 他们完全是脑筋有毛病的人! 他们竟然不知道,上战场是快乐、是高贵。 他们畏惧上战场的原因就在于此。

"那么,一般而言,那些[360b]勇者如果恐惧的话,他们不会恐惧丑的恐惧,也不会对丑的大胆胆儿大吧?"

"[你说的是]真实。"他说。

"如果他们不丑,岂不就美[高贵]?"

他同意。

"如果[他们]美[高贵],也就好?"

"是的。"

"反过来,懦夫或莽夫或疯癫[b5]的人岂不既恐惧丑的恐惧又对丑的大胆胆儿大?"1

1　[施疏]勇敢并不意味着不畏惧,而是意味着有正确的畏惧。 勇者有的仅是高贵的畏惧和高贵的信心(confidence),这是快乐的畏惧和快乐的信心。 懦夫或莽夫有的则是低俗的畏惧和低俗的信心,或者说不快乐的畏惧和不快乐的信心。 但为什么苏格拉底现在要引出莽撞的人和疯狂的人? 莽撞的人当然急切要上战场,把打仗视为高贵、好、快乐。但我们必须不仅限于考虑一个对立面——懦夫,还得考虑另一个对立面即愚蠢的胆儿大。 从而,勇敢与愚蠢的胆儿大的差异是什么? 莽撞者体现为急切地要去任何战场,哪怕是愚蠢

"他同意。

"他们对丑的和坏的事情胆儿大,岂不恰恰是由于没见识和无学识?"[1]

"正是[360c]如此。"他说。

"然后呢?懦夫因之而是懦夫的这个东西,你叫作懦弱还是勇敢?"

"我当然[叫做]懦弱。"他说。

"懦夫岂不是因为对可怕的事情无学识而显得是[懦夫]?"

"完全如此。"他说。

"那么,由于这种无学识本身,他们才是懦夫?"

[c5]他同意。

"按你同意的,他们因为懦弱所以是懦夫?"

的、不正义的战争,而勇者的信心仅仅涉及有理由的正义的战争。 这意味着,勇敢与智慧和正义分不开。

[1] [施疏]很清楚,这就是此前的一切所暗含的东西。就莽夫、勇敢者、懦夫的例子而言,他们的行为理由是无学识(过于莽撞的人和懦夫)。 懦夫并不知道为了正义的理由而死的高贵,过于莽撞的人并不知道为不义的理由而死的低劣。

他承认。

"对可怕的事情和不可怕的事情无学识岂不就是懦弱?"

他点点头。1

1　[施疏]这段论证很简单:由于那种东西,使人当懦夫的那种东西是怯懦;使人当懦夫的那种东西,经证明是无学识。因此,怯懦等于对引起畏惧的东西无学识。所以,作为其对立面的勇敢会是知识。这里的知识与经过训练的知识无关。比如,一个人在没学会开车前会畏惧开车,学会后就不再畏惧。这种知识消除的畏惧与这里说到的畏惧或这种知识与这里说到的知识不是一回事。我们必须注意这篇对话的基本语境:普罗塔戈拉仅仅想要的是天生的勇者。若勇敢是知识,则可以通过老师获得,但这不意味着所有人都能学会,并非所有人都可以通过学习成为勇者。当然,一个人有可能对他应该做的事情学得很好,而且敢于去做,却未必懂得应该去做的道理。但是,苏格拉底的说法显得是要与这种常识观察[意见]较劲。有人可能会发表意见说,做这事是高贵的,但他不做,他赞同的快乐或畏惧使得他不做。然而,意见不是知识。

"可是,"我说,"勇敢与怯懦[360d][刚好]相反吧?"

他说[是]。

"那么,对可怕的事情和不可怕的事情有智慧与对这些事情无学识相反吧?"

这儿他仍然点点头。

"对这些事情无学识是懦弱吧?"

对此他十分勉强地点头。

"那么,对可怕的事情和不[d5]可怕的事情有智慧就是勇敢,与对这些事情无学识则相反吧?"

在这儿他不再愿意点头,也不吭声。

于是我说:"怎么啦? 普罗塔戈拉,对我问的,你既不说是也不说不是?"

"你自己完成吧。"他说。[1]

"仅有一件事情,"我说,[360e]"我还想问问你:你

---

1 [施疏]论证很简单:怯懦是勇敢的对立面,无学识的对立面是知识。 因此,勇敢是有关让人畏惧的事情的智慧。 这里暗含的当然是并未显露出来的某种东西:勇敢并不直接等于智慧,而是等于非常特别的对象——让人畏惧的事情

是否仍然像起初那样认为,有些世人既极其无学识,又极其勇敢?"

"我觉得,"他说,"苏格拉底啊,你让我做一个回答[问题]的人是为了好胜。我会让你高兴,而且我说,按[e5]已经同意的,我认为这不可能。"

的智慧。 所以,勇敢是智慧的一部分,而智慧是德性的一部分。 因此,德性有性质上不同的各个部分。

普罗塔戈拉本来不就这样认为吗? 的确如此,那么,苏格拉底的说法又有什么差异呢? 先前,普罗塔戈拉把德性的各个部分比喻为脸的各个部分,而鼻子并不等于脸。 在这里,更为重要的是:各部分并不是分离的。 德性有性质不同的各个部分,比如,自制与勇敢不同,但它们不可以分离。 德性的各个部分性质上虽然不同,却不可分离。 这并非意味着,既然勇敢仅是智慧的一部分,那么智慧还包含其他更多的部分。 毋宁说,智慧分出了不同的部分。 至于是否有一种单纯的智慧,不同于具体的涉及快乐或不快乐的事情(亦即自制)的智慧或涉及未来的恶的智慧(亦即勇敢),是另一个问题,而且是个很长的问题。

[施疏]我们看到,普罗塔戈拉在法庭面前遭到谴责不能捍卫自己,这个法庭由胜过他的人组成。然而,三人法庭仅仅是假象,实际上是一人在统治,是独一的王在统治——这个王是苏格拉底。于是,我们在这里有了一个很清楚的最好的人统治的例子,一个所谓哲人王统治的漂亮例子。我们看到一个惊人的过程:从诉讼场景(在那里,苏格拉底仍然必须为了自己取得与普罗塔戈拉平等的权利而战斗)到最后的场景(苏格拉底成了最高统帅)。然而,这是一个反高潮(anti-climax)。因为,这个胜利者、这个王取消了自己当王的资格,他同意自己不适合当王,因为他缺乏当王所要求的知识——这就是接下来我们将会看到的。

尾声　苏格拉底最后的建言

[施疏] 刚才普罗塔戈拉指控苏格拉底有赢取胜利的欲望,苏格拉底说,自己仅仅欲求找出何谓德性。以问题的形式隐含地提出的问题是:在什么意义上诸德性是德性的部分。

当然,这个问题并不等于德性是什么的问题。在这篇对话中,并没有明确提出德性是什么的问题。因为,在与普罗塔戈拉的对话中,找出德性是什么的欲望,并非苏格拉底唯有的欲望。如果这是他唯有的欲望,他就会提出这个问题。

在这个讨论中,如果苏格拉底的欲望既不是找出德性是什么,也不是赢取胜利,那么是什么呢?是治疗希珀克拉底的不健康"脾胃"。

当然，尽管这是这篇对话的主要实践性目的，仍然包含着重大的理论问题和普遍性的问题。这是提出普遍性问题的最为健康的论坛。

"其实，"我说，"我问的所有这些不是为了别的，不过是想看清楚涉及德性的事情究竟怎么回事，德性本身究竟是什么。

"毕竟，我知道，倘若这一点变得明朗[361a]起来，我们——我和你俩——说了老半天的那个[问题]才会变得极为清楚：我说德性不可教，而你说可教。我觉得，我们的这些说法迄今为止的结局就像一个世人在指控和[a5]嘲笑[我们]，如果[这结局]会发出声音的话，它恐怕就会说：'苏格拉底和普罗塔戈拉啊，你们真是出格之人！你[苏格拉底]呢，在起先的那些[说法]中说德性不可教，这会儿你却急匆匆要与自己[361b]相反，力图证明所有有用的东西都是知识，甚至正义、节制以及勇敢[都是知识]，以此方式[表明]，德性似乎显得最为可教。毕竟，倘若德性是某种不同于知识的东西，像普罗塔戈拉试图[b5]说的那样，它显然就会不可教。可现在呢，苏格拉底啊，倘若[德性]整个儿将显得就是知识，如你急匆匆得到的那样,如果它不可教才会让人诧异呢。[1]

"'反之,普罗塔戈拉呢,当初假定[德性]可教,这会儿却显得急匆匆要得到相反的[观点],[德性]显得最[361c]不像的就是知识。这样的话,德性终究就会是不可教的。'[2]

1　[施疏]苏格拉底自己点出了自己的自相矛盾! 有谁这样做过吗? 苏格拉底已经说过德性不可教,普罗塔戈拉则说过德性可教,但他并不知道德性是什么。 实际上,如果好等于快乐的话,苏格拉底已经表明,德性可教。 说到底,通过否认德性可教,苏格拉底实际上否认了他起头开始的好与快乐的等式。 或者说,无论如何,他否认有一种衡量快乐和痛苦的技艺,否认有一种等同于德性的技艺。 苏格拉底不能仍然坚持德性不可教。 这里他提到各种德性(正义、节制、勇敢),同时删掉了起初提到的诸德性中的一种:虔敬。 为什么这里对虔敬保持沉默? 的确,虔敬特别复杂,除非研究神——虔敬的主体,对何谓虔敬没法给出回答。

2　[施疏]苏格拉底转向普罗塔戈拉的自相矛盾。 苏格拉底认定,这次讨论并没有给普罗塔戈拉带来哪怕是细微的变化。 普罗塔戈拉仍然相信自己开始所说的,正如这次讨论也没有给苏格拉底带来丝毫变化。 两人与开始时一样,采取

"所以,我啊,普罗塔戈拉,当我观察到所有这些事情颠七倒八可怕地混乱不堪时,我就以全副热心要让这些事情变得清楚起来。在我们[c5]经历过这些事情之后,我很想我们会去求取德性究竟是什么,然后再来仔细考察它可教还是不可教。没准儿那个厄庇米修斯会在我们考察时[361d]要诡计让我们失败,如你所讲的那样,就像他在分配[能力]时忽略我们。

"所以,[你的]这个故事中是普罗米修斯而非厄庇米修斯更让我喜欢得多。用他[做榜样],把我自己的整个生命先想清楚,[d5]我才忙碌于所有这些事情。而且,要是你愿意,就像我在开头说的那样,我会极为快乐地同你一起彻底探究这些事情。"1

各自的立场。如果这场对话的目的是苏格拉底应该学到某种东西或普罗塔戈拉应该学到某种东西,那么就可以说,这场对话完全失败。但我们知道,这场对话的首要目的不是苏格拉底或普罗塔戈拉应该学到什么,而是对希珀克拉底的影响。

1 [施疏] 如果我们没有提出德性是什么这个问题,那么,我们的行为就与神话中的厄庇米修斯无异,即没有事先想清楚我们的行为。厄庇米修斯忘掉了人,把所有能力都分给了非于是普罗塔戈拉说:"苏格拉底,我啊,赞赏你的这股子热心以及这些说法的路径。当然咯,[361e]在别的事情上,我不觉得自己是个低劣的人,而且世人中我最少妒忌,因为我对许多人说到过你,在我所遇到的这些人中,我最叹服你,尤其在[同你]年岁相若的人中,最为[叹服你]。而且我还说,如果你会成为凭智慧而受到[e5]敬重的人,我不会感到诧异。只要你愿意,我们以后再来详细考察这些事情。不过,这会儿该是去办别的事情的时候了。"[1]

[362a]"可不嘛,"我说,"如果你觉得[必须做]的话,这才是必须做的。毕竟,我说过,我早就该离开了,却留下来让这位[漂亮的]卡利阿斯高兴。"[2]

理性的动物。 同样,我们如果没有事先想清楚就行动,就不会首先考虑什么是最重要的东西。 因为,更重要的问题是何谓德性,而非德性是否可教,尽管我们可以提出是否可教这样的问题。

1　[施疏]普罗塔戈拉明确表示,今天就到此为止,已经够了。 对话其实并未结束,关于德性是什么的对话没有出现——这不是苏格拉底的错,因为普罗塔戈拉撑不住,他已经在精神上被击垮。

2　希腊文中,卡利阿斯这个名字与"美丽"发音很近。为体现这个发音上的噱头,不妨译作"[漂亮的]卡利阿斯"。

在说了和听了这些后,我们就离开了。

[施疏]这里的"我们"明显指苏格拉底和希珀克拉底。不过有一个差别:希珀克拉底很忙——日常意义上的忙,他也许还得去找那个正在逃跑途中的奴隶。总之,离开卡利阿斯家后,希珀克拉底就与苏格拉底分手了。因此,最后这句同时回到了开场时的场景——希珀克拉底并没有在场,因为苏格拉底不可能当着希珀克拉底的面向众人讲述这个故事。

希珀克拉底跟着苏格拉底一起离开了,他没有留下来做普罗塔戈拉的学生。苏格拉底通过自己与普罗塔戈拉的交谈展示了智术师与热爱智慧者的差异,但希珀克拉底未必理解了这种差异,因为他的理解力不高。他最终未必明白,普罗塔戈拉是一个败坏灵魂的学人。

何况,普罗塔戈拉绝非日常意义上的坏人,他的行为在日常礼节方面非常周到,人品上并没有明显的毛病或缺陷,一般人尤其年轻人很容易受这类危险智识人的吸引。但希珀克拉底看到,普罗塔戈拉在言辞上被打败——看到这一点无需智识,对他来说,普罗塔戈拉失去了吸引力。他至少觉得,花很多钱跟普罗塔戈拉学划不来，还不如跟苏格拉底学便宜些。

苏格拉底活到 70 岁是为了与种种危险的说教作斗争，但这并不意味着是要让希珀克拉底这类人憎恨制造危险说教的智术师。希珀克拉底天生没有能力辨识危险说教，不能真正理解智术师的坏处，让他恨智术师也没有用，重要的是让他别成为智术师的学生。

一个人不能分清骗子和好人，你没法让他恨骗子，保护他的最好办法是让他远离骗子。毕竟，就人的天性而言，有的人甚至多数人一辈子都不能分辨好人与骗子，因为他们天生缺乏这种分辨能力。

图书在版编目（CIP）数据

普罗塔戈拉/（古希腊）柏拉图（Plato）著；（美）施特劳斯（Leo Strauss）疏；刘小枫译.--2 版.--北京：华夏出版社有限公司，2021.7
（柏拉图读本）
ISBN 978-7-5222-0111-5

Ⅰ.①普… Ⅱ.①柏…②施… ③刘… Ⅲ.①古希腊罗马哲学-研究 Ⅳ.①B502.49

中国版本图书馆 CIP 数据核字（2021）第 036930 号

普罗塔戈拉

作　　者	[古希腊]柏拉图 著　[美]施特劳斯 疏
译　　者	刘小枫
责任编辑	马涛红
责任印制	刘　洋
出版发行	华夏出版社有限公司
经　　销	新华书店
印　　刷	北京汇林印务有限公司
装　　订	北京汇林印务有限公司
版　　次	2021 年 7 月北京第 2 版 2021 年 7 月北京第 1 次印刷
开　　本	787×1092　1/32
印　　张	8.375
字　　数	85 千字
定　　价	59.00 元

华夏出版社有限公司
地址：北京市东直门外香河园北里 4 号　邮编：100028
网址：www.hxph.com.cn　电话：(010)64663331(转)
若发现本版图书有印装质量问题，请与我社营销中心联系调换。